나를
내려놓으니
내가
좋아졌다

Original Japanese title: KYOUKOSO JIBUN WO AMAYAKASU
Copyright © 2021 Hiroyuki Nemoto
Original Japanese edition published by Daiwa Shobo Co., Ltd.
Korean translation rights arranged with Daiwa Shobo Co., Ltd.
through The English Agency (Japan) Ltd. and Danny Hong Agency

나를
내려놓으니
내가
좋아졌다

네모토 히로유키 지음
최화연 옮김

 밀리언서재
Million Publisher

상담이나 강연에서 만나는 사람들은 모두 번듯한 사회인이자 충실하게 일상을 살아가는 분들입니다. 그런데 무엇 때문인지 자신들은 '행복하지 않다'고 토로합니다. 일이나 연애, 가족 문제 등 끌어안고 있는 고민은 제각각이지만 그들 이야기에는 한 가지 공통점이 있습니다.

바로 '자신에게 너무 엄격하다'는 것입니다.

다른 사람들에게는 상냥하고 관대하면서 정작 자신에게는 늘 무서운 교관을 거느린 것처럼 엄격합니다.

아무리 열심히 해도 자신을 칭찬하지 않고 자신이 지닌 훌륭한 매력과 가치를 전혀 인정하지 않습니다.

주변 사람들에게 신뢰를 받으면서도 본인은 좀처럼 그렇게 느끼지 못합니다. '지금의 나는 아직 한참 모자라', '더 열심히 해야 해', '더 잘해야만 해'라며 스스로를 몰아세웁니다.

'이 정도는 해야 마땅한데 그렇지 못한 나는 형편없는 사람이다'라고 생각하지는 않나요?

'다른 사람들은 다 잘하던데 나는 왜 못할까?'라고 자신을 책망하지는 않나요?

주위 사람들에게 좋은 평가를 받았을 때 '여기서 만족하면 안 돼. 더 열심히 해야 해'라고 스스로를 몰아붙이지는 않나요?

자신이 설정해놓은 높은 이상만을 좇으며 현재의 자신을 부정해버리는 이상주의자.

뭐든 빈틈없이 해내야 한다고 생각하는 완벽주의자.

늘 주변 사람들의 기대에 부응하려는 우등생.

당신은 그런 마음을 가지고 행동하지 않나요?

아니면 '괜찮아!'라는 말을 달고 살며 혼자 최면을 걸거나, 주위 사람들의 눈을 의식해서 자신을 억누르거나, 또는 지나치게 자신을 과소평가한 나머지 자신감을 잃어버리지는 않았나요?

이 책에서는 '누구보다 자신에게 엄격한' 사람이 긴장을 내려놓고 나만의 행복을 느끼며 살아가는 방법을 소개합니다.

책을 쓰면서 '예전의 나 자신에게 건넸던 말이구나' 하는 생각이 들었던 부분이 많았습니다.

저도 나 자신에게 너무나 엄격한 사람이었습니다.

이제는 과거형이 되었지만 이 책에서 이야기하는 것들이 거의 대부분 저에게 해당하는 내용입니다.

'현재 상태에 만족하지 않고 더 발전하려 했다'고 하면 얼핏 그럴싸하게 들립니다. 현재 상태에 만족해버리면 더 나아지고 싶은 생각이 들지 않을 테니까요. 하지만 사실은 '현재 상태 부정의 법칙'에 완전히 빠져 있었던 것입니다.

성과를 올려도 만족하지 못하고 더 성공한 누군가와 끊임없이 비교하면서 지금의 자신을 부정했습니다. 늘 더 높은 것들을 좇으면서 그 수준에 도달하지 못하는 나 자신을 나무랐습니다.

타인에게 좋은 평가를 받아도 곧이곧대로 받아들이지 못하고, 무엇 때문인지 자꾸만 '나는 한참 멀었어. 절대 방심해서는 안 돼'라고 스스로를 다그쳤습니다.

지금 돌이켜보니 예전의 저는 힘이 잔뜩 들어가 온몸이 뻣뻣하게 굳어 있었습니다. 하지만 그때 열심히 했기에 지금의 제가 있는 것이겠지요. 이렇게 생각하게 되기까지 꽤 긴 시간이 필요했습니다.

그토록 자신에게 엄격했던 제가 달라진 것은 10년 전의 일입니다. 일에 매몰된 나머지 번아웃이 찾아왔고 결국은 내가 하고 싶은 것이 무엇인지 알 수 없게 되었습니다.

상담사가 되어 사람들 앞에서 강연도 하고 싶어 이 일을 선택했는데 목표도 의욕도 잃어버리고 말았습니다. 그렇게 무기력해져 있을 무렵 가족 문제, 금전 문제가 갑자기 터지면서 '어떻게든 해야' 하는 상황에 놓였고 인생 몇 번째쯤의 격변기를 맞이했습니다.

스스로 어느 정도 자신감이 있다고 생각했는데 사실은 자기 긍정감이 의외로 낮다는 것을 그때 처음 알게 되었습니다. 당시의 생활 방식이나 업무 방식은 '나답게 행복하게 사는 법'과는 한참 거리가 먼 것이었지요.

그때는 이상주의자, 완벽주의자, 주변의 눈을 의식하는 우등생이 되고자 하는 제가 있었습니다. 그런 저를 내려놓고자 나에게 관대해지기로 했습니다. 구체적으로 말하면 할 일을 미루기도 하고 게으름뱅이를 목표로 삼았습니다.

효과가 있었는지 요즘에는 동료들이나 고객들 사이에서 늘 '어쩔 수 없죠'라고 말하는 느긋한 사람으로 통합니다.

지금은 자연스러운 내 모습 그대로 살기, 내 마음 우선 돌보기, 도움이 필요할 때는 남에게 의지하기 등을 더 중요하게 여깁니다. 그러는 한편으로 '할 때는 확실하게 한다'는 자세로 적절히 힘 조절을 할 수 있게 되었습니다.

제가 직접 겪은 것들과 수많은 사람들의 경험을 통해 배운 것들을 한 권에 담았습니다. 평소 상담이나 강연에서 사람들에게 늘 전하는 이야기를 정리한 것이기도 합니다.

이 책에서는 자신에게 지나치게 엄격한 사람들의 이야기를 소개하고 그 원인을 심리적으로 짚어봅니다. 그리고 어떻게 해야 한없이 엄격한 기준을 느슨하게 풀어 자신에게 너그러워질 수 있는지를 구체적으로 알아봅니다.

각각의 항목 마지막에 무척 간단한 질문(question)과 실천해 볼 만한 것(work)들을 따로 적었습니다. 하나하나 찬찬히 따라 가다 보면 책을 다 읽을 무렵에는 내 안에서 변화가 일어나고 있음을 느낄 것입니다.

여기까지 읽고 공감한 사람은 저나 제가 만난 사람들과 닮아 있는지도 모릅니다.

나에게 너그러운 사람이 되는 법을 익혀 나답게, 평온하게, 설레는 인생을 살아가기를 바랍니다.

네모토 히로유키

Part 02

내 마음 들여다보기

나는 누구보다 가치 있는 사람이다

Part 03
내 마음 가는 대로 행동하기
― 내 마음이 허락하는 만큼 한다

Part 04
나를 사랑하게 되는 순간
— 마음의 틈을 만들어 행복을 채운다

내 삶의 중심은
타인이 아닌
바로 '나'

Part
01

나를
온전히 받아들이기

보통의 행복을 누릴 수 있는 기준

"자신에게 엄격하다고 생각하시나요?"

강연에서 이렇게 물어보면 참가자 중 30~40퍼센트 정도가 손을 듭니다.

"스스로에게 관대한 편이라고 생각하시나요?"

이렇게 물어보면 20~30퍼센트가 손을 듭니다. 이들은 어쩐지 조금 민망해하며 주저하는 모습입니다.

그럼 저는 이렇게 말합니다.

"감사합니다. 맨 처음 손을 드신 분들은 자신에게 굉장히 엄격한 사람이고, 그다음 손을 드신 분들은 자신에게 꽤 엄격한 사람입니다. 손을 들지 않은 분들은 자신에게 지나치게 엄격해서 자신이 어떤 쪽인지 잘 모르는 사람이고요."

그리고 "결국 모두 자신에게 엄격한 사람이군요" 하고 이야기를 매듭짓습니다.

그럼 대체 왜 물어보는 거냐고 의아해하실 수도 있겠지요. 이것을 물어보는 이유는 스스로가 어떤 사람인지 인식하기를 바라기 때문입니다. '자신에게 엄격하다'고 생각하는지 '자신에게 관대하다'고 생각하는지, 아니면 잘 모르겠는지 말이에요.

일본인들은 대체로 자신에게 지나치게 엄격하다고 하는데, 강연에서도 자주 느끼는 부분입니다.

많은 사람들이 '착실하다', '야무지다', '성실하다', '착한 아이', '우등생', '완벽주의자' 같은 말을 들으며 살아갑니다. 높은 이상을 좇으며 '사실은 ○○이어야 하는데 난 정말 형편없어'라고 자기혐오에 빠지는 사람들도 매우 많습니다. 일본인은 유독 자기긍정감이 낮고 자기혐오가 강한 국민성을 가졌다고 하지요.

저는 강연에서 이렇게 물어볼 때도 있습니다.

"영어 회화가 가능한 분들 계신가요?"

도쿄에서 강의할 때는 20~30퍼센트 정도가 손을 듭니다. 그리고 그들을 인터뷰해보면 '외국에서 살다 왔다'든가 '외국계 기업에서 근무한다'든가 '유학 경험이 있다'는 경력을 내놓습니다. 모두 훌륭한 경력과 능력을 가진 사람들입니다.

조금 지난 이야기지만 우연히 텔레비전에서 태국 청년들을 인터뷰하는 영상을 보았습니다.

태국 길거리에서 일본 텔레비전 방송 PD가 젊은이들에게 둘러싸여 "일본어 할 줄 아는 분 계신가요?" 하고 물었습니다.

처음에는 별 반응이 없다가 태국어로 질문을 통역하자 청년들이 잇따라 손을 들며 '일본어 할 수 있어요'라고 적극적으로 말했습니다.

그런데 정말로 일본어를 할 줄 안다면 애초에 통역을 기다리지 않고 손을 들었겠죠.

PD가 한 청년을 지목하며 "그럼 일본어로 한마디 해주세요"라고 하자 그 청년은 전혀 주눅 드는 기색 없이 "스시(초밥)! 후지야마(후지산)! 덴푸라(튀김)!"라고 의기양양하게 외쳤습니다. 주변에 있던 청년들은 입을 모아 "굉장한데!"라며 칭찬했고요.

자신감에도 자격이 있는가?

극단적인 사례일 수도 있으나 '자신에게 지나치게 엄격한 사람'이 고민에서 벗어날 수 있는 아주 큰 힌트가 여기에 있습니다.

'자신에게 지나치게 엄격한 사람'은 다음과 같은 생각의 회로에 갇히기 쉽습니다. 그러나 찬찬히 잘 생각해보면 터무니없이 어려운 일임을 금세 알게 됩니다.

- '영어를 할 수 있다'고 당당히 말하기 위해서는 일상 회화는 물론이고 토익은 800점 이상, 비즈니스 영어 회화도 어느 정도 가능해야 한다.
- '요리를 잘한다'고 말하려면 미슐랭 별 1개 정도는 필요하다.
- '일을 잘한다'는 자신감을 가지려면 우수사원상을 연속 3회쯤 받아야 한다.

이것은 '자신에게 지나치게 엄격하다'(정확하게 말하면 '엄격한 기준을 가졌다')는 증거입니다.

태국 청년처럼 "스시! 후지야마! 덴푸라!"를 말할 줄 아는 것만으로도 일본어를 할 줄 아는 것이라면 당신은 몇 개 국어가 가능한가요?

영어는 물론이고 프랑스어, 독일어, 이탈리아어, 스페인어, 중국어, 한국어 등 웬만한 언어는 제법 가능하지 않을까요? 사실은 그렇습니다. 그 정도면 됩니다.

우리는 자신에게 무척 엄격합니다. 그리고 주위 사람들도 자기 자신에게 엄격하기 때문에 좀처럼 그 사실을 깨닫지 못합니다. 게다가 조금이라도 게으름을 피우거나 약한 소리를 내뱉으면 '스스로에게 관대하다'는 말을 듣습니다.

마치 엄격한 수행을 거듭하며 깨달음을 얻으려는 수도승이나 규율을 굉장히 중시하는 군인 같습니다. 물론 '득도'에 대한 열망으로 산에 틀어박혀 폭포수를 맞고 있는 사람들은 자신에게 엄격해도 됩니다.

그러나 보통의 행복을 바라는 사람이라면 당신의 '기준'은 자신을 옥죌 뿐입니다.

Question

당신은 자신에게 지나치게 엄격하다고 생각하나요?
아니면 관대한 편이라고 생각하나요?

행복한 것과 행복한 편인 것의 차이

인터넷이나 언론 기사를 보면 일본인의 행복 지수가 낮다는 조사 결과를 자주 접할 수 있습니다. 일본에 사는 외국인 또는 외국에서 살다 온 사람이 '왜 일본인은 그다지 행복해 보이지 않는 걸까?' 하고 의아해하는 경우가 많다고 합니다.

수돗물을 그대로 마실 수 있고 일자리도 많고 거리에는 맛있는 음식을 파는 가게가 즐비합니다. 편의점에서는 필요한 물건을 쉽게 구할 수 있지요. 대체로 사람들이 온화하고 상냥한 편이라 폭동이 일어나지도 않습니다. 평등하게 교육을 받고 안전한 집에 삽니다. 어느 지역이든 밤길을 혼자 걸어도 위험하지 않습니다. 빈곤과 빈부 격차라는 사회문제가 있긴 하지만 대체로 풍족한 환경인 것은 분명합니다. 이런 환경에서도 당당히 '나는 행복하다'고 방긋 웃으며 말할 수 있는 사람이 드뭅니다.

"굳이 따지자면 행복한 편입니다."

"아마 행복한 것 같아요."

"사실 충분히 누리고 있으니 행복하다고 생각해야겠지요."

상담을 하다 보면 이런 말을 자주 듣습니다.

"그렇게 말한다는 것은 솔직히 행복하다고 느끼지 않는다는 의미지요?"

이렇게 되묻기는 하지만, '자신에게 지나치게 엄격한' 사람들의 시점에서는 어쩌면 당연한 생각일지도 모릅니다.

행복해도 되는 걸까?

그들은 '영어를 할 수 있다'와 마찬가지로 '행복하다고 말할 수 있다'고 당당히 말하려면 이 정도는 되어야 한다는 엄격한 기준을 가지고 있는 것입니다. 이런 심리 이면에는 이 책에서 앞으로 다루게 될 '사회의 시선'과 '이상주의'가 크게 자리 잡고 있습니다.

'내가 행복하다고 하면 주위 사람들이 시기하지 않을까? 정

말 행복한 것이 맞냐고 따지고 들지는 않을까? 그럴 바에는 행복하다고 생각하지 않는 편이 낫다.'

'행복하다고 자신 있게 말할 수 있으려면 쾌적한 집에 살면서 가족이 화목하고 직장에서 인정받으며 경제적으로 자유롭고 친구도 많아야 한다. 그러니 지금 나는 전혀 행복하지 않다.'

이렇게 생각하고 있는지도 모릅니다. 또한 '행복'의 기준을 무의식적으로 높게 설정하면 행복해도 된다는 허가를 스스로에게 내릴 수 없습니다.

Question

최근에 '지금 행복하다'고 솔직하게 느낀 때가 있었나요?
아니면 '다른 사람이 보기엔 분명 행복해 보이겠지'라고 생각한 적이 있나요?

나를 주춤거리게 만드는 것들

자신에게 지나치게 엄격한 사람들은 스스로 여러 가지 '엄격한 기준'을 세워둡니다. 또 사회의 '암묵적 규칙이나 관습'에 지배당하기도 합니다.

그러나 진정한 문제는 '지나치게 엄격한 기준을 가지고 있다는 사실을 자신은 모르고 있다'는 것입니다.

상담할 때는 다양한 질문을 하면서 사람들의 마음속을 자세히 들여다봅니다. 그러면 '스스로 인지하지 못한 기준'을 당연한 것으로 여기는 사람들을 무척 많이 만나게 됩니다.

부부 문제로 상담을 받으러 온 30대 여성이 있었습니다. 한창 대화를 나누던 중 "여성스러움을 더 드러내기 위해 결혼 전에 즐겨 입었던 미니스커트를 다시 입어보면 어떨까요?"라고 이야기했습니다. 그런데 그분은 "이 나이에 미니스커트는 좀⋯⋯"이라며 주저했습니다.

'30대, 더구나 결혼한 유부녀는 미니스커트를 입을 수 없다'는 기준을 무의식중에 가지고 있는 듯했습니다.

'취향에 맞지 않는다', '지금은 좋아하지 않는다'고 하는 것도 아니고 '30대니까', '유부녀니까'라는 이유는 과연 그녀의 진심일까요? 자신도 모르는 사이에 주변의 눈을 의식하면서 외적인 분위기에 자신을 맞추고 있는 것은 아닐까요?

다른 사람의 기준에 나를 맞추기

제가 사는 오사카에는 '보케-쓰코미'라고 해서 '바보짓을 하면 지적한다'(일부러 엉뚱한 말이나 행동을 하면 이를 지적하여 웃음을 자아내는 것-옮긴이)는 '암묵적 규칙'이 있습니다. 저는 대학을 다니기 위해 오사카로 옮겨 왔기 때문에 그 규칙을 능숙하게 소화하기 힘들었던 시기가 있습니다. 오사카에서 자란 친구들에게 "바보짓을 했으면 받아쳐야지"라고 지적받기도 했습니다. 오사카 사람들의 대화를 듣고 있으면 정말 재미있어서 늘

웃게 되는데 정작 그런 대화에 끼어들려면 마음의 부담이 느껴졌습니다.

'나는 재밌는 말을 잘 못 하는데. 상대가 웃기는 말을 해도 바로 반응하기 어렵고……. 난 정말 재미없는 사람이야.' 마음 한구석에 이런 믿음이 자리 잡기까지는 얼마 걸리지 않았습니다. 그 후 여러 사람들과 만나면서 간사이(교토와 오사카 지방-옮긴이) 출신이 아닌 동기들은 어느 정도 비슷한 느낌을 받고 있다는 것을 알게 되었습니다. 그뿐만 아니라 이 지역에서 나고 자란 친구들조차 '그것이 자신의 오랜 콤플렉스'라고 말하기도 했습니다.

흥겨운 분위기를 만들고 즐기는 것이 '보케-쓰코미'인데 암묵적 규칙으로 부담감을 주고 마음을 옭아맨다면 너무 갑갑하지 않을까요?

이러한 '기준'과 '암묵적 규칙'은 자신의 안과 밖에 수없이 존재합니다. 평소 무심코 내뱉는 말 중에 '이럴 때는 보통 ○○해야지', '△△하는 게 당연하잖아', '이 정도는 상식 아니야?' 같은 표현에 주목해봅시다. 이것은 자신이 무의식중에 세운 기준일 때도 있고 암묵적인 규칙일 때도 있습니다.

지금 일상에서 갑갑하고 숨 막힌다는 느낌을 받는다면 내 안의 많은 기준과 암묵적 규칙이 자신을 속박하고 있는지도 모릅니다. 우선 이 사실부터 깨달아야 합니다.

Work

아침에 일어나서 잠들 때까지 일상에서 자신의 '기준'이나 은연중에 따르고 있는 '암묵적 규칙'이 있는지 의식적으로 찾아보세요.

모두 그러니까 너도 그래야 해!

일본인들은 다른 사람들의 시선을 지나치게 신경 쓰는 편입니다. 다른 사람들이 어떻게 생각할지, 남에게 어떻게 보이는지 의식하면서 체면 차리는 것을 중요하게 여깁니다.

'30대에 미니스커트를 입기는 부담스럽다'고 말했던 여성도 미니스커트가 싫은 것이 아니라 '미니스커트를 입은 자신을 주변에서 어떻게 생각할까?'를 신경 쓰며 심리적 부담을 느끼고 있었습니다.

최근에도 상담에서 이런 고충을 들었습니다. "그 나이 되도록 미혼이라니 내가 다 창피하다. 아직도 결혼 소식이 없냐고 이웃 사람들이 물어볼 때마다 얼마나 괴로운지 모른다"라는 말을 어머니에게 들었다는 것입니다. 일과 취미에 몰두하며 살아가는 자신을 어머니가 응원해주고 있다고 생각했는데, 주위 사람들을 신경 쓰는 어머니의 말이 굉장히 충격적으로 다가왔다고 합니다.

무엇이 나를 불편하게 하는가?

흔히 우리는 세상 사람들이 자신을 어떻게 볼지 의식하고 '사회의 시선'을 두려워합니다. 사회의 시선은 내 안에 '부끄러움'을 심어줍니다.

사회의 시선을 행동의 기준으로 삼기 시작하면 '주변에서 어떻게 생각할까?' '주위 사람들이 싫어하지 않을까?' 하고 신경 쓰기 시작합니다.

'이렇게 행동해도 괜찮을까? 남들이 비웃지 않을까?'

'실패하면 다들 무시하겠지?'

'내 생각을 솔직히 말하면 다른 사람들이 비난할지도 몰라.'

이런 생각을 하며 자신의 말과 행동을 스스로 제한하기 시작합니다. 자신에 대한 삼엄한 감시가 시작되는 것입니다. 이렇게 되면 전혀 자유롭지도 행복하지도 않습니다. 매사 사회의 시선을 기준으로 삼는다면 '무난하며' '평범하고' '딱히 해가 되지 않는' 행동밖에 할 수 없습니다. 게다가 늘 남의 눈을 의식하며 행동하느라 스트레스가 쌓입니다. 그 스트레스는 결국 어디를 향해 분출될까요?

'내가 이렇게 하니 너도 이렇게 해!'

상대방에게도 자신과 같은 행동을 요구하는 것입니다.

자신의 기준에서 벗어난 사람들을 의미 없이 공격하기도 합니다. 인터넷상의 악성 댓글이나 과도한 비난이 그렇습니다. 이에 더해 코로나19 시대에 많이 등장한 표현이 '동조 압력'이라는 것입니다.

'다들 참고 있으니 너도 참아야 한다.'

이 또한 암묵적 규칙 중 하나입니다. 사회의 시선이 이런 규칙을 만들어내는 것입니다.

Question

주변에서 부정적으로 생각할까 봐 조심하는 일이 있나요? 그것이 당신의 삶을 불편하게 만들고 있지는 않나요?

때로는 격렬한 응원이 필요하다

타인의 시선을 의식하면서 살아가는 것은 자기 의견보다 남들이 어떻게 생각할지를 더 신경 쓰는 '타인 중심'의 삶을 사는 것입니다. 어떤 일을 하고 싶어도 다른 사람에게 비판받을지도 모른다는 생각이 들면 아예 시도조차 하지 않습니다.

무언가를 도전하고 싶어도 혹시 실패하면 주위 사람들에게 비난이나 비웃음을 살지도 모른다는 두려움에 주저하고 맙니다.

20대 후반에 오랜 꿈을 이루기 위해 국가자격시험에 도전한 사람이 있습니다. 학생 시절에 한때 목표로 삼았으나 당시에는 아르바이트도 해야 하고 친구들과 어울려 다니느라 공부할 시간도 없었던 데다 자신도 없어서 일단 꿈을 접었다고 합니다.

그런데 사회에 나와 직장에 다니면서 아무래도 다시 한 번 도전해보고 싶은 마음이 생겼습니다.

주위 사람들에게 이런 마음을 털어놓자 예상과는 달리 격한 반대의 목소리가 이어졌습니다.

"그 어렵다는 대기업에 취직했는데 그만두고 그 일을 한다고? 시험에 떨어지면 어쩌려고 그래."

"자격증을 따려면 몇 년이나 걸린다던데 그동안 생활비는 어떻게 할 거야? 지금 월급도 많이 받는데 그만두면 아깝잖아."

"그 나이에 자격시험에 도전하는 건 대단하지만 그래도 너무 늦었다고 생각하지 않아? 지금 하는 일을 계속하는 편이 더 행복할 거야. 덜컥 그만뒀다가 나중에 후회하면 어떡해?"

부모님도 비슷한 의견이었습니다.

당시 근무하던 회사 상사와 동료들도 모두 부정적인 조언을 건넸습니다. "기껏 기대했더니, 아쉽네." 이렇게 내뱉듯이 말한 선배도 있었습니다. 응원해주는 사람이 전혀 없지는 않았지만 반대 의견이 대부분이라 결심이 흔들리는 순간도 있었습니다.

하지만 그는 꿈을 포기하지 않고 도전했고, 몇 년 후 당당히 합격했습니다. 그러자 예전에 그의 도전을 부정하던 사람들이 태도를 싹 바꿔 합격을 축하해주었습니다. 그런 모습을 보며 또 한 번 복잡한 마음이 들었다고 합니다.

무난하게 살면 행복한가?

남들의 시선이나 의견을 무시하고 하고 싶은 일에 도전해 성공한 그는 "실패하면 얼마나 비웃음당할까, 무슨 말을 듣게 될까 하는 부담감이 견디기 힘들었어요"라고 웃으며 말했습니다. 이 또한 '사회의 시선'을 의식하는 데서 비롯된 마음입니다.

사회의 시선은 동조 압력을 만들어내고 도전과 모험심을 억압합니다. 그는 이것을 돌파했지만 많은 사람들이 무의식중에 사회의 시선으로 인한 억압에 굴복하며 꿈을 포기합니다.

이처럼 자신의 꿈을 포기하면 반대로 꿈을 향해 도전하는 사람에게 '질투'를 느낍니다.

질투심이라는 감정은 꽤 얄궂습니다. 가능하면 느끼고 싶지 않은 감정입니다. 그래서 다른 사람들도 도전을 포기하게 만들고 싶어집니다. '나도 꿈을 포기했으니까 너도 포기해'라는 심리입니다. 이것이 바로 그가 자격시험에 도전하려고 할 때 주위에서 보인 부정적인 반응의 정체입니다.

사회의 시선과 암묵적인 규칙에 얽매여 꿈을 포기한 사람은 타인의 도전을 응원하지 못합니다. 자기도 모르는 사이 부정적인 생각을 심어주는 '드림 킬러(dream killer)'가 됩니다. 참으로 안타까운 일이 아닌가요?

당신은 무언가에 도전하려는 사람을 진심으로 응원할 수 있습니까? 혹시 부정하고 무시하거나 못 본 척하려고 하지는 않나요?

Question

무언가에 도전하고 싶은데 주위의 시선 때문에 망설이고 있나요?
이런 이유로 도전하기도 전에 꿈을 포기한 적은 없나요?

미움받고 싶지 않은 심리

자신의 생각보다는 남들이 어떻게 생각하는지를 더 신경 쓰는 '타인 중심'의 사고방식을 조금 더 자세히 살펴보려 합니다. 자신보다 타인을 우선적으로 생각하는 것을 '타인 중심'이라 하고, 그 반대 개념은 '자기중심'입니다.

타인 중심으로 살아가면 다음과 같은 말과 행동, 생각을 하게 됩니다.

- 뭔가 하려고 할 때 주위에서 어떻게 생각할지부터 걱정된다.
- 미움을 사지 않고, 무시당하지 않으려고 행동한다.
- 내 마음보다 주위 사람들의 기분을 먼저 살핀다.

- 다른 사람의 기대에 부응하는 일에 열중한다.
- 좋은 사람이라는 얘기를 듣고 싶어서 하기 싫은 일도 참고 한다.(희생)
- 내 의견보다 다른 사람의 의견을 따른다.
- 고립되지 않으려고 주위 사람에게 맞춘다.
- 말할 때 주어가 '나' 아닌 다른 누군가이다.

이처럼 자신보다 타인을 생각하는 비중이 더 큽니다. 무의식 중에 자신보다 타인의 생각대로 행동합니다. 여기서 '타인'은 사람뿐만 아니라 회사나 돈, 일 등을 포함하는 개념입니다.

자신의 감정과 생각은 제쳐두고 주위 사람들에게 맞추다 보면 의존적으로 행동할 수밖에 없습니다. 주체적으로 선택하지 못하므로 자연히 스트레스가 쌓여 쉽게 지쳐버립니다.

좋은 사람이 목표가 될 수는 없다

타인 중심의 사고방식이 습관으로 자리 잡으면 자기도 모르는 사이에 나의 감정과 생각은 사라집니다. 급기야 '내 마음을 모르겠다', '무엇을 하고 싶은지 모르겠다'고 생각하는 것입니다.

자기 내면에 자리 잡고 있는 엄격한 기준은 상당수 타인 중심 사고방식에서 비롯된 것들입니다. 사회의 시선이나 암묵적 규칙을 따르는 것은 타인 중심의 사고 자체입니다.

삶의 기준을 타인에서 나 자신으로 옮겨보세요. 타인 중심이 아닌 자기중심으로 살아가는 것입니다.

'자기중심'으로 살아간다고 해서 '남의 의견을 무시하는 이기적인 사람'이 되는 것은 아닙니다. 단지 남보다 '나 자신'을 먼저 의식하는 삶의 방식입니다.

내가 어떻게 느끼는지 자신의 기분을 확실히 인지한 다음 타인의 기분을 생각하는 것입니다. 본인의 생각과 가치관을 분명하게 가지고 상대방의 의견을 듣는 것입니다. '저 사람은 ○○라고 하지만 나는 △△라고 생각한다'라고 자신과 타인 사이에 명확한 선을 긋는 것입니다.

타인 중심으로 사는 사람은 이와 반대로 상대의 생각이나 의견을 우선시하므로 점점 삶이 버거워질 뿐입니다.

Question

지금 내가 가장 하고 싶은 일이 무엇인지 말할 수 있나요?

행복에서 멀어지는 생각 습관

우리가 가진 엄격한 기준, 은연중에 따르고 있는 암묵적 규칙을 심리학에서는 '관념(믿음)'이라고 합니다. 저는 '나만의 규칙', '고집스러운 확신'이라고 표현하기도 합니다.

사람은 저마다 수천 개 이상의 '관념'을 가지고 있습니다. 그 중에는 긍정적인 관념도 있지만 스스로를 제한하고 자유를 억압하는 관념도 적지 않습니다.

부정적인 영향을 미치는 관념은 대부분 '마음의 상처'에서 비롯됩니다. 힘든 경험을 하고 나면 다시는 상처받지 않으려고 '관념'이라는 이름의 갑옷을 걸칩니다.

자신이 믿었던 사람에게 배신당하고 괴로워하는 사람은 '어느 누구도 믿으면 안 된다'고 마음에 새깁니다.

어떤 일에 실패하고 비난받은 적이 있는 사람은 '절대 실패해서는 안 된다'는 믿음을 가집니다.

학력이 떨어진다고 무시당한 적이 있는 사람은 '어차피 학력주의 세상에서 나 같은 저학력자는 인정받지 못한다'는 고정관념에 사로잡힙니다.

'그 나이에 무슨'이라는 말을 듣고 마음의 상처를 입은 사람은 '젊지 않으면 안 된다'고 단정 지어버립니다.

아주 작은 관념이 인생 전체를 지배한다

자신이 경험한 것뿐 아니라 타인의 행동을 보고 이러한 신념이 굳어지기도 합니다. 주위 사람의 관념을 그대로 받아들이기도 합니다.

늘 경제적인 문제로 힘들어하는 부모님을 보고 자라면서 돈만 있으면 행복해질 수 있다고 믿는 사람도 있습니다. 이것은 자신이 직접 경험한 것이 아니라 부모의 경험을 보면서 자기 마음속에 자리 잡은 것입니다.

'아버지 때문에 힘들어하신 어머니가 너는 꼭 좋은 사람과 결혼해야 한다'고 했다는 사람은 어머니의 말에 얽매여 결혼 상대를 찾는 데 어려움을 겪고 있었습니다.

이처럼 크고 작은 관념은 매우 다양한 유형으로 존재합니다. 깊이 상처받고 힘들었던 기억일수록 강한 관념으로 자리 잡아 우리의 행동과 사고를 더욱 강력하게 제한합니다.

이러한 관념이 강할수록 자유롭지 못합니다. 타인 중심의 관념에 사로잡히면 '이렇게 해야 한다', '그 방법밖에 없다', '그렇게 하면 안 된다'와 같이 단호한 표현을 쓰게 됩니다. 당신 주위에도 수없이 많은 관념을 가진 사람들이 있지 않나요?

"매일 삼시 세끼를 차리는 주부입니다. 솔직히 요리를 잘하지는 못합니다. 그런데도 예전에는 '여러 가지 반찬을 만들어야 한다', '냉동식품이 아니라 손수 요리해야 한다'고 굳게 믿었어요. 지금 생각해보면 '나 자신에게 너무 엄격했구나' 싶습니다."

이러한 관념이 많고 강할수록 우리는 '행복'에서 멀어집니다. 늘 엄격한 규칙으로 자신을 옭아매느라 마음의 여유도 사라집니다.

하지만 가장 큰 문제는 관념의 상당수가 잠재의식에 깔려 있어서 스스로 인지하지 못한다는 것입니다.

실제로 상담에서 만나는 사람들 대다수가 자신이 그런 관념을 가졌다는 것을 인식하지 못합니다.

"○○해야 하는데, △△해서는 안 되는데, ××이어야 하는데, 이런 말들을 자주 하시죠?"라고 물어봅니다. 그러면 대부분 "어떻게 아셨어요? 제가 그런 말을 했나요?" 하고 눈을 동그랗게 뜨면서 놀랍니다. 당신은 어떻습니까?

Work

'~해야 한다', '~해서는 안 된다' 또는 '○○는 △△다'라고 강하게 믿는 부분이 무엇인지 생각해보세요. 그것이 자신의 '관념'을 인식하는 일로 이어집니다.

다른 사람들의 기대에 맞추지 마라

이른바 부모님이나 선생님의 말을 잘 듣고 그들의 기대에 부응하며 사는 사람들을 우등생이라고 합니다.

이런 우등생들은 부모나 교사를 힘들게 하지 않고 주위 사람들에게 피해를 주거나 비난받지 않도록 기준을 세워서 행동합니다. 어른들의 눈에는 신경 쓰이게 하지 않는 고마운 존재입니다. 그러나 당사자는 '나보다 남'을 우선시하는 '타인 중심'의 삶을 살아가고 있습니다.

'어른들을 곤란하게 만들지 않는' 행동을 하다 보면 어느새 '나 자신'이 사라져버립니다. 그래서 더욱 '우등생' 역할에 몰두해 주위의 기대에 부응하고자 점점 더 애를 씁니다. 늘 자신의 감정을 억누르고 생각에 생각을 거듭해야 하니 지칠 수밖에 없습니다. 그래도 지친 얼굴을 보이면 사람들이 걱정할까 봐 애써 웃는 얼굴을 합니다. 애처로울 정도로 남들을 배려합니다.

누구에게나 칭찬받는 삶을 버려라

하지만 그만큼 자기 내면의 갈망은 사그라들지 않습니다. 억압하려 해도 자신의 감정은 분명히 존재합니다. 우등생도 화날 때, 외로울 때, 게으름 피우고 싶을 때, 어리광 부리고 싶을 때가 있습니다. 하지만 그 마음을 밖으로 드러낼 수 없기 때문에 괴롭습니다.

내 안에 무서운 교관이 자리 잡고 늘 나를 감시합니다. 느슨해지려고 하면 따끔하게 혼을 냅니다. 약한 소리라도 내뱉으려 하면 가차 없이 야단을 칩니다. 응석 부리고 싶은 마음 따위는 곧바로 차단해버립니다.

어른들에게 혼나지 않는 대신 나 스스로에게 잔뜩 화를 냅니다. 사춘기를 맞이하면 우등생도 반항하고 싶은 마음이 생겨납니다. 그러나 스스로를 철저히 단속할수록 내면에 한층 더 강한 갈망이 자리 잡습니다.

어른이 된 후에도 이런 삶의 방식은 그대로 이어집니다.

"상대의 기대(이상)에 부응하기 위해 최선을 다하지만 생각처럼 잘되지 않을 때는 왜 난 이것밖에 못하나 싶어서 우울해져요."

어른이 된 우등생은 번아웃 증후군을 호소하기도 하고 방에 틀어박혀 나오지 않기도 합니다. 자기가 무엇을 원하는지 몰라 마음이 미로에 갇혀버리고 맙니다.

Question

친구와 있을 때는 자유분방한 사람이지만 직장에서는 '말 잘 듣는 사원' 역할을 하는 것처럼 은연중에 '우등생' 모드가 될 때가 있지 않나요?

왜 성실할수록 힘들까?

성실함은 일반적으로 좋은 것입니다. 사람들에게 신뢰를 얻는 데 무척 중요한 것이 바로 성실함입니다. 성실한 사람일수록 믿을 만하니까요. 하지만 성실함이 지나친 것도 문제입니다.

- 융통성이 없다.
- 어떤 일이든 정확히 하려 한다.
- 매사를 진지하게 받아들인다.
- 농담이 통하지 않는다.
- 올바른 사고나 행동에 집착한다.
- 답답한 느낌을 준다.

이런 사람들을 보면 어떤 생각이 들까요? '여유가 없어' 보입니다.

성실함은 분명 장점입니다. 하지만 지나치게 성실한 사람은 자신에게 몹시 엄격할 뿐만 아니라 다른 사람에게도 그것을 요구합니다.

성실한 사람일수록 인간관계로 고민하는 경우가 많습니다. 직장에도 창의력이 필요하거나 임기응변으로 대처해야 하는 상황에서는 어려움을 겪는 사람들이 많습니다. 책임감도 강해서 고민을 혼자 끌어안기 쉬운 데다 뭐든 너무 완벽하게 하려다 스스로를 옥죄는 상황을 자초합니다.

성실함은 타고난 기질이기도 하지만 자라온 환경에 따라 굳어진 성격이어서 웬만해서는 바뀌지 않을 것이라고 생각할지도 모릅니다. 하지만 마음의 여유나 유머가 전혀 없는 사람은 없습니다. 자신에게 엄격한 나머지 지나치게 성실한 사람들도 내면에는 장난기 같은 마음을 지니고 있다는 것입니다.

자신이 '성실하다'고 느끼는 사람이라면 이것을 장점으로 인식하는 한편 조금씩 느슨하게 풀어보세요. 삶이 한결 편안해질 것입니다.

Question

'나는 지나치게 성실하다'고 느꼈던 적이 언제인가요? 그 상황이 자신을 힘들게 했나요, 아니면 도움이 되었나요?

나에게 엄격할수록 만족하지 못한다

'이상주의자'에게도 좋은 면과 나쁜 면이 모두 존재하지만 상담에서는 부정적인 사례가 더 많이 눈에 띕니다.

'원래 이 정도 수준까지는 해야 하는데 잘 안 된다.'
'더 열심히 해야 하는데 생각처럼 되지 않는다.'
'남들은 다 잘하는데 나는 전혀 못한다.'
'이 정도는 당연한 것이다. 더 열심히 해야 한다.'

흔히 '이상적인 자신(그러해야 할 모습)'과 '지금의 자신(그러지 못한 모습)'을 비교하며 자신을 부정합니다.

이상주의자는 '현재'에 만족하는 것을 허락하지 않습니다. 훌륭한 성과를 거둬도, 바라던 결과를 얻어도 '어쩌다' 그렇게 되었다고, '주위 사람들이 열심히 해준 덕분'이라고 생각하며 본연의 기쁨을 표현하지 못합니다. 기뻐하기는커녕 '더 노력했다면 더 좋은 결과를 얻었을 텐데'라며 오히려 자신을 몰아세웁니다.

이상주의자는 하나의 과제를 완수해도 곧장 다음 과제를 스스로 찾아냅니다. 늘 이상적인 자기 모습을 좇지만 그럴수록 자신은 더욱 피폐해집니다.

몹시 지치거나 번아웃 혹은 아슬아슬하게 한계에 다다른 사람들에게서 이상주의 성격이 엿보입니다.

"이상주의 성향이 있어서 나의 작은 실수나 사소한 발언을 집에 돌아와 격하게 자책한다. 이것이 죄책감으로 이어지고 상대방에 대한 공격으로 발전한다. 그 결과 상대방을 불쾌하게 만들고 그러면 또 배려심이 부족한 자신을 탓한다. 공부나 운동을 시작하면 철저하게 나 자신을 몰아붙여야 성에 찬다. 동료에게도 같은 수준을 요구한다. '즐기며 한다', '하는 만큼만 한다'는 것을 받아들일 수 없다."

여기서도 드러나듯이 자신에 대한 기준이 엄격하기 그지없습니다.

정작 본인은 '나 자신에게 너무 관대하다'고 생각하며 성과뿐 아니라 자신의 노력과 가치, 능력도 전혀 인정하려 들지 않습니다.

자기긍정감이 만족감으로 이어진다

'남의 떡이 커 보인다'는 속담과 같은 의미로 '옆집 마당의 잔디가 더 푸르다'는 말이 있습니다. 이상주의자는 사시사철 언제나 짙푸른 잔디가 깔린 집의 옆집에 사는 것이나 마찬가지입니다.

이들은 시간이 아무리 흘러도 자신감을 느끼지 못할뿐더러 당연히 행복하지도 않습니다.

지금 내 손에 든 것보다 가지지 못한 것을 끝없이 추구하므로 마음이 영영 채워지지 않습니다.

이상주의자는 '~해야 한다', '~해서는 안 된다'는 수많은 관념에 얽매입니다. 각각의 관념 하나하나는 모두 맞는 말인 듯합니다. 하지만 이 모든 사항을 나 자신에게 적용하면 숨이 막힐 것 같습니다.

이상주의자는 자신을 부정하는 습관을 가지고 있는 것입니다. 그 사실을 스스로 깨닫지 못할 정도로 자기긍정감이 현저히 낮은 상태입니다. 성격 좋고 일 잘하고 인망도 두터운 데다 성실하기까지 한데도 그런 자신의 가치를 전혀 인식하지 못합니다.

물론 이상을 좇으며 더 높은 목표를 향해 열심히 노력하는 것, 늘 다음 목표를 추구하는 것은 훌륭한 태도입니다. 하지만 자신을 인정하지 못하고 자신을 너무 엄격하게 대하면서 스스로를 괴롭히는 경우가 적지 않습니다.

'나는 한참 멀었다. 노력이 부족하다'고 느끼는 사람은 이상주의에 빠져 있는 것인지도 모릅니다.

Work

'이상적인 나'는 어떤 모습이라고 생각하나요? 이상적인 자신의 모습과 지금의 모습을 비교하며 '한참 부족하다'는 생각을 습관처럼 하고 있지 않나요?

내가 할 수 있는 만큼만 해도 된다

'이상주의'와 비슷한 것이 '완벽주의'입니다. 무슨 일이든 완벽하게 해내려고 하는 사람들은 완벽하지 않은 상태를 못 견딥니다. 물론 완벽주의가 긍정적으로 작용하는 경우도 많지만 자신을 옭아매기도 합니다.

여기서 말하는 '완벽함'이란 어디까지나 자신이 생각하는 '완벽함'일 뿐입니다. 완벽하다는 객관적인 기준이 없다는 것입니다. 자신이 만들어낸 기준이므로 떨쳐내기가 쉽지 않습니다.

사실 저도 완벽주의 성향이 있습니다. '뭐든 확실히 해야 해', '빈틈없이 해내야 해', '제대로 만들어내야 해'라는 생각에 얽매이는 부분이 있습니다.

지금까지 책을 20권 이상 썼지만 원고를 쓸 때는 극심한 압박감에 시달린 나머지 책에 대해서는 생각조차 하기 싫어집니다. 작업을 시작해도 '잘 써야 하는데', '제대로 써야 하는데'라는 강박에 사로잡혀 늘 불안하고 집필 후반에 이르면 모순되는 부분은 없는지, 논리 정연하게 전개되었는지, 빠진 부분은 없는지, 미처 못 쓴 내용은 없는지, 걱정되어 견딜 수가 없습니다.

책으로 나오는 만큼 완성도 높은 글을 써야 한다는 부담감을 떨칠 수가 없습니다. 원고 마감일에 맞춰야 한다는 압박감도 물론 있습니다. 집필 중에는 초조한 나머지 가족에게 폐를 끼치는 일도 많습니다. 책이 출간된 후에는 '잘 팔려야 하는데'라는 마음이 들면서 완벽주의 성향이 여기저기 드러나기도 합니다.

쓰고 싶은 것을 쓰는데도 창작의 고통이 커서 즐거운 마음으로 작업하게 된 것은 불과 1~2년밖에 되지 않습니다.

그전까지는 '글쓰기를 좋아하고 책을 많이 쓰고 싶다고 생각했지만 사실 난 책 따위 쓰고 싶지 않은 것이 아닐까?' 하는 의구심이 들기도 했습니다.

그런데 요즘은 완벽주의가 거의 사라져 글을 쓰는 것이 정말 재밌습니다. 게다가 도전하고자 하는 마음을 자극하므로 '내가 정말 하고 싶은 일이구나'라고 실감합니다.

할 수 없다고 말하는 용기

완벽주의자는 예전의 저처럼 '제대로', '확실히', '빈틈없이' 해야 한다며 자신을 감시합니다. 마치 바로 옆에서 무서운 교관이 채찍을 휘두르며 완벽하게 하라고 몰아붙이는 듯합니다.

모든 일을 완벽하게 해내기란 불가능한 일입니다. 완벽주의는 도착 지점을 정해두지 않고 끝없이 달리는 마라톤과 같습니다. 결국 지쳐 쓰러질 수밖에 없는 것이죠.

더 이상 달리지 못하는 상태에서도 자신에게 채찍질을 멈추지 않으니 마음은 그야말로 너덜너덜해집니다. 완벽주의자도 이상주의자 못지않게 매정하리만큼 자신에게 엄격합니다.

그럴 때 '지금 내가 완벽을 추구하고 있는지가 아니라 최선을 다하고 있는지'에 의식을 집중하면 마음이 한결 편안해집니다.

'할 수 있는 만큼 하는 수밖에 없다. 그러니 할 수 있는 만큼 최선을 다하자.'

이상주의자와 완벽주의자는 자기가 할 수 없는 일을 자신에게 요구합니다. '지금 하는 일에 최선을 다한다'를 바꿔 말하면 '못하는 것을 인정하는 용기'입니다. 이것을 제대로 인식하는 것만으로 마음이 훨씬 가벼워집니다.

Work

일상생활에서 완벽주의가 발동해 '제대로', '확실히', '빈틈없이'

해야 한다고 생각하는 상황이 있는지 찾아보세요.

나는 누구보다
가치 있는
사람이다

내 마음
들여다보기

나의 가치를 발견하는 연습

"다른 사람이 실수하는 것을 보면 '실수는 누구나 하지. 미리 파악하지 못한 나한테도 책임이 있고. 다들 그렇게 생각할 거야'라고 말합니다. 그런데 내가 실수하는 것은 백 퍼센트 내 탓이라고 생각합니다."

"시간 약속에 지나치게 엄격한 면이 있습니다. '절대 지각하면 안 돼!'라는 강박에 사로잡혀 약속 장소에 필요 이상으로 일찍 도착합니다. 그런데 상대의 지각은 전혀 거슬리지 않고 '좀 둘러보면서 시간 보내면 되겠네'라고 생각할 정도입니다. 남보다 나에게 훨씬 더 엄격한 느낌입니다."

"남한테는 '살면서 당연히 실수도 하고 그러는 거지, 뭐'라고 말하면서 내가 실수했을 때는 돌이킬 수 없을 것만 같아 머릿속이 새하얘집니다. 다른 사람들이 아주 사소한 뭔가를 해낸 모습을 보면 '정말 대단하다!'고 칭찬하면서 내가 어떤 일을 해냈을 때는 '아직 이 정도밖에 못 해?'라는 생각이 듭니다. 가끔 나 자신이 '예전보다 성장했구나'라고 할 만한 순간에도 금세 나보다 잘나 보이는 사람을 찾아내 '역시 난 한참 멀었다'라며 스스로를 다그칩니다."

"상담 공부를 하고 있습니다. 미숙한 부분이 있는 게 당연한데도 '이런 점이 잘못됐다', '이런 발언은 안 돼', '이런 상담은 최악이다'라고 자책합니다. 비슷한 상담을 동기가 했다면 비난하기보다 잘한 부분을 발견해서 칭찬해줄 것 같은데 스스로에게는 쓴소리만 하게 됩니다."

자신에게 엄격한 사람은 남을 대하는 태도와 자신을 대하는 태도가 정반대인 경우가 많습니다.

'남들의 실수는 너그럽게 이해하고 용서하며 그 사람의 또 다른 가치를 발견'하지만 똑같은 상황이라도 '자신에게는 너무나 엄격해서 도저히 용서할 수 없다'는 생각이 든 적이 있습니까?

남을 대하듯 자신을 대하라

이런 경향은 혼자 힘으로 노력해온 사람에게 흔히 나타납니다. 지금에 이르기까지 열심히 애쓰며 성장하는 과정에서 자신을 끊임없이 채찍질해왔기 때문입니다. 그래서 자신을 엄격하게 대하는 것이 당연하게 느껴집니다. 스스로에게 엄격하다는 자각조차 하지 못합니다.

그렇게 성장해왔기 때문에 배포도 크고 시야도 넓으며 머리 회전도 빠릅니다. 타인에게 아량을 베풀 줄도 알고 이해심과 배려심도 깊고 뭐든지 수용할 줄 압니다.

하지만 자신이 그렇다는 사실을 모른다는 것은 내 안에서 나라는 존재를 뚝 떼어놓고 완전히 배제하고 있다는 뜻입니다.

자신에게 지나치게 엄격한 사람은 대부분 근사한 매력과 가치를 지닌 훌륭한 인격의 소유자입니다.

하지만 자신은 그런 점을 전혀 인정하지 않습니다. 그런 사람들을 옆에서 지켜보면 '왜 그토록 자신에게 엄격한가? 왜 그토록 자기 자신을 미워하나?'라는 생각이 듭니다.

Work

'남은 용서해도 나 자신은 용서가 안 되는 일'이 당신에게는 얼마나 있나요?

나의 가치를 증명하라

"제 능력을 스스로 낮게 평가하는 경향이 있습니다. 예를 들어 자격증을 갖고 있긴 하지만 지금 활용하지 않으니 별거 아니라는 생각이 들어요. 남이 가지고 있다면 쓰든 안 쓰든 대단하다고 생각했을 텐데요. 어떤 일을 할 때도 제 실력이 차곡차곡 쌓여간다는 느낌이 들지 않습니다. 마치 모래성 같다고 할까요. 그래서 지나치게 힘을 쏟다가 결국 완전히 지쳐버립니다."

자신에게 지나치게 엄격한 사람은 이런 사고방식을 가지기 쉽습니다. 자격증 외에 파트너, 업무 내용, 사는 집, 타고 다니는 차, 애용하는 가방 등도 비슷한 방식으로 생각하기 쉽습니다. 남이 가지고 있으면 무척 가치 있어 보이는데 내 손안에 있으면 별거 아닌 것처럼 느껴지는 것이죠.

이것은 자신에게 엄격한 나머지 자기부정이 강할 때 일어나는 현상입니다.

분명 자신의 경력에 도움이 되는 자격증을 가졌는데도 자신은 그 가치를 느낄 수 없습니다.

이런 유형의 사람은 '다른 사람이 가진 가치 있어 보이는 것'을 얻으려고 애씁니다. 하지만 그것을 얻는 데 성공하더라도 자기 손에 들어오는 순간 '가치 없는 것'으로 전락합니다. 안타깝기 그지없는 현상입니다. 이것은 '자신에게 지나치게 엄격해서 자신의 가치를 인정하지 못하고 있다는' 증거이기도 합니다.

자신의 가치를 스스로 알아보지 못하기에 자기가 가진 것이 얼마나 가치 있는지를 인식하지 못하는 것입니다.

Question

자신이 가진 것들이 얼마나 가치 있는지를 충분히 알고 있습니까?

내 마음의 소리에 응답하라

"남편과 아이들에게는 좋은 옷을 사서 입히는데 전업주부인 저는 나갈 일이 많지 않아서 내 옷은 거의 안 사게 됩니다. 내 옷을 사지 않은 지 벌써 몇 년이나 되었어요."

이렇게 말하는 주부들이 종종 있습니다. 그런데 원래 패션에 관심 없느냐고 물어보면 대부분 정반대입니다. 결혼 전에는 꽤 멋쟁이였다고 합니다. 물론 집안 살림을 꾸려나가다 보면 그렇게 되기 쉽겠지요. 하지만 너무 자신을 억누르는 것은 아닌지 생각해볼 필요가 있습니다.

이런 이야기를 들으면 '정말 수도승 같다'는 생각이 듭니다.

깨달음을 얻기 위한 수행도 아닌데 어떤 구실을 내세워 즐거운 일을 금지하거나 심지어 스스로를 벌주는 듯 보이는 사람도 있습니다.

"나이 든 부모님께는 더운 날에 일찌감치 에어컨을 켜시라고 입 아프게 잔소리를 하면서 나 혼자 집에 있을 때는 아깝다는 생각이 들어 에어컨을 잘 켜지 않습니다."

이처럼 '아깝다'는 생각 때문에 스스로 인내를 강요하는 경우가 의외로 많습니다.

"지금 하는 일이 적성에 맞지 않고 정말 하기 싫지만 꾹 참으며 10년 이상 계속하고 있습니다. 줄곧 마음은 '노(No)'를 외치고 있는데 마음의 소리에 응답하지 못하고 부담만 주고 있습니다."

"휴가를 내고 쉬는 날에도 나만 게으름을 피우는 것 같은 느낌이 듭니다."

여기까지 읽으면 '대체 얼마나 자신에게 엄격한 거야?'라는 생각과 동시에 '남 일이 아닌데……'라는 생각이 들지는 않나요?

내 마음에 소홀해지는 이유

'그렇게 자기 자신이 미운가요?'

'그렇게 자신에게 상처 주고 싶은가요?'

'그렇게 자신을 벌줘야 하나요?'

나 자신에게 소홀한 배경에는 '죄책감'이 자리 잡고 있습니다. 죄책감은 나 자신을 죄인으로 만들어 감옥에 가두어버립니다. 스스로에게 중노동을 부과하는 엄벌을 가하며 기쁨과 즐거움을 빼앗아가므로 삶이 재미없어집니다. (죄책감에 대해서는 '상처 주지 않는 관계를 만드는 법', 143쪽 참고) 자신에게 그토록 엄격한 것은 자신을 범죄자로 인식하는 것과 다를 바 없습니다.

당연한 말이지만 늘 매서운 눈초리로 자신을 채찍질하는데 어떻게 자신을 소중히 대할 수 있을까요?

소중히 대하기는커녕 끊임없이 자신에게 상처 주고 누구보다 스스로에게 소홀합니다.

이처럼 자신을 소중히 여기지 못하는 사람이 과연 행복할 수 있을까요?

주위 사람들의 눈에 그런 당신의 모습이 과연 좋아 보일까요?

Work

당신이 '스스로에게 소홀한 순간'은 언제였나요?

현재의 자신을 긍정하라

'○○가 있으면 행복할 텐데…….'

'내가 ○○면 행복할 텐데…….'

'○○가 되면 행복할 텐데…….'

이런 생각을 해본 적이 있나요?

'○○'에는 돈이나 보람 있는 일, 멋진 연인, 자격증, 학력, 시간, 건강뿐만 아니라 '부모를 부양해야 하는 부담이 없었으면', '직장 상사가 더 너그러웠으면', '내가 더 능력 있었으면' 등 '만약'이라는 전제가 들어갈 수 있습니다.

이것은 '지금의 나 자신을 부정하는 말'입니다.

'지금의 나는 ○○가 없어서 행복하지 않다'는 마음을 나타내는 것이죠.

'파랑새 증후군'이라는 말이 있습니다. 모리스 마테를링크의 동화 〈파랑새〉의 주인공처럼 미래의 행복만을 꿈꾸면서 현재의 일에는 흥미를 느끼지 못하는 현상을 말합니다. 현재의 내 모습을 받아들이지 못하고 자신의 가치를 깨닫지 못하는 등 현재에서 행복을 느끼지 못하는 것이죠. 언제나 지금 내게 없는 무언가(파랑새)를 찾아 헤맵니다.

하지만 아무리 시간이 지나도 행복해질 수 없습니다. 애써 파랑새를 손에 넣으면 만족할까요? 그때는 또다시 새로운 파랑새를 찾아 길을 나설 것입니다.

지금 내가 가진 행복 찾기

돈만 있으면 행복해질 것이라 생각하며 열심히 노력한 사람이 있습니다. 어느 정도 돈을 가진 후에도 그는 "전혀 행복하지 않아. 마음이 통하는 사람이 곁에 있다면 분명 행복할 텐데"라며 또 다른 파랑새를 원합니다.

'현재'의 자신을 부정하기 때문에 돈이 많든 적든 자신이 어떤 상태이든 스스로 만족하지 못합니다.

저는 이런 현상을 '현재 상태 부정의 법칙'이라고 부릅니다.

파랑새를 좇는 한 '현재'에 행복을 느낄 수 없습니다. 돈을 벌어도 연인이 생겨도 지금을 부정하는 습관을 바꾸지 않는 한 행복할 수 없습니다.

파랑새를 찾아 헤매던 동화 속 어린 남매도 결국은 자신들이 키우던 비둘기가 파랑새였음을 깨닫습니다. 행복은 내 가까이, 바로 내 안에 있다는 이야기입니다.

행복을 느끼는 데 조건이 필요할까요?

저는 종종 '지금 내가 가진 행복 찾기'를 사람들에게 제안합니다. 우리의 일상에는 자연재해나 코로나19로 '없어진 후에야 그 가치를 알게 된 것'들이 셀 수 없이 많습니다. 소중한 것은 잃고 나서 비로소 '그때가 행복했다'고 깨닫게 됩니다. 하지만 '현재'를 살아가는 우리는 '지금의 행복'을 만끽해야 하지 않을까요?

Work

'○○가 있으면 행복할 텐데'에서 '○○'에 들어갈 수 있는 단어로 어떤 것이 떠오르나요?

왜 일은 열심히 하는데 행복하지 않을까?

"과도한 업무량, 상사의 갑질, 정신적 폭력 등을 감내하느라 건강이 망가지고 자율신경실조증과 우울증 같은 증상이 나타나도 '이런 사람들한테 지고 싶지 않아'라는 생각으로 계속 일했습니다."

주위 사람들의 기대를 충족해야 한다는 생각으로 혹은 주어진 일을 완벽하게 해내야 한다는 강박에 사로잡혀 과로를 불사하는 사람들이 상당히 많습니다. 좋게 표현하면 책임감이 강한 사람입니다.

나에게 상담을 받으러 오는 사람들 중에는 이처럼 초절정의 노력파가 무척 많습니다. 건강을 해치면서까지 업무를 떠안는 것이 과연 좋은 것일까요? 몸과 마음에 엄청난 부담을 가하는 것은 틀림없는 사실입니다.

'미열 정도는 그냥 참고 회사에 간다.'

'마감일이 다가오면 야근이나 휴일 출근을 해서라도 당연히 제 날짜에 끝내야 한다.'

'생리통이 심한 날도 아무렇지 않은 척 출근해서 업무를 완벽하게 해낸다.'

별다른 의식 없이 이런 가치관을 따르고 있지는 않나요?

열심히 하는 것도 습관이다

어릴 때부터 뭔가를 배울 때나 수험 공부, 동아리 활동, 아르바이트 등을 한결같이 열심히 해온 사람은 '열심히 하는 습관'이 몸에 밴 채 사회로 나옵니다.

이들은 직장뿐 아니라 집에서도 '열심히 하는 게 당연'한 사람들입니다. 매일 한계치까지 나 자신을 몰아붙인다면 자신에게 너무 가혹하지 않나요?

습관이란 꽤 무서운 것입니다. 과로가 습관이 되면 마음이 마비됩니다. 과로를 당연하게 여기다 보면 자신이 과로하고 있다는 것조차 인지하지 못합니다.

'힘들다. 너무 지나치게 노력하고 있어. 이대로 가면 위험해. 쉬어야 해'라고 마음이 메시지를 보내도 스스로 알아채지 못합니다.

어쩌면 마음의 소리를 알아채고도 '이렇게 나약해서는 안 돼!'라며 매몰차게 무시하는 것인지도 모릅니다.

더욱이 습관이 된 상태에서는 '하지 않으면 마음이 불편'해지기 마련입니다. 스스로를 엄격하게 채찍질하는 습관이 몸에 밴 사람은 이제까지 해온 대로 매사에 열심히 하지 않으면 마음이 편치 않습니다. 그러다 결국은 무리하고 맙니다.

자신을 몰아붙이듯 노력하는 사람은 어떤 일이든 너무나 열심히 하지만 그럴수록 행복은 점점 멀어집니다.

"처음에는 다이어트나 건강 관리 차원에서 기분 전환도 할 겸 가벼운 마음으로 운동을 시작했습니다. 일단 시작하고 나니 주 5일 헬스장에 가게 되었고 매일같이 집에서 근력운동을 하고 걷기운동은 점점 거리가 늘어났습니다. 아무리 피곤해도, 전혀 운동할 기분이 나지 않는 날도 스스로를 채찍질하며 의무감으로 열심히 운동하는 것입니다. 이런 식으로 뭐든지 몇 개월을 너무 열심히 하다 보면 완전히 기진맥진 상태가 되어 결국 아예 포기해버립니다. 그제야 '너무 무리했구나' 하고 깨닫는 거예요. 저도 모르게 나 자신을 몰아붙이는 습관이 몸에 배어버렸습니다."

'이토록 열심히 하는데도 행복하지 않다'는 말을 합니다. 행복해지기 위해 열심히 사는 것인데도 말이죠.

"미용실을 하고 있습니다. 예약이 들어오면 무슨 일이 있어도 쉬지 않고 일하는 것이 당연하다고 생각합니다. 임신 중 입덧이 굉장히 심할 때도 필사적으로 참아가며 웃는 얼굴로 고객을 대했습니다. 그리고 고객을 배웅하자마자 화장실로 달려가는 일이 몇 개월이나 이어졌죠. 단 하루도 쉬지 않고 일했는데 지금 생각해보면 정말 지옥 같은 날들이었습니다. 몇 년 전부터는 열이 날 것 같으면 정신력으로 통제하는 신기한 재주까지 생겨 몸져누울 수 있는 주말까지 어떻게든 버텨냅니다. 휴일이나 손님이 없는 시간에는 그냥 좀 쉬면 좋을 텐데 어쩐지 아깝다는 생각이 들어서 자기계발을 위한 공부나 독서를 합니다.

이렇게 쓰다 보니 좀 더 나를 소중히 여겨야겠다는 마음이 드네요."

'성실하게 노력하는 사람'이라고 하면 당연히 좋은 이미지를 떠올릴 것입니다. 하지만 그 성실함이 자기 마음을 무시하고 자신을 매섭게 채찍질하는 것이라면 무턱대고 좋게만 볼 수는 없겠지요.

지금 스스로를 채찍질하느라 당신의 마음이 비명을 지르고 있지는 않습니까?

Question

지금 열심히 하고 있는 것이 무엇인가요? 또 지금까지 어떤 일을 열심히 해왔나요?

가끔은 게을러도 괜찮아

자신에게 엄격한 사람은 흔히 "나는 사실 엄청나게 게으르고 덜렁대는 사람이라 스스로를 다그칠 수밖에 없어요"라고 합니다.

"조금만 방심해도 금세 게을러져서 스스로를 자꾸 다잡게 됩니다"라고 말하는 사람도 있습니다.

당신도 이렇게 생각하고 있지는 않나요?

이상하게 들릴지는 모르겠지만 '진짜 게으름뱅이'는 자기가 게으름뱅이라는 것조차 인식하지 못합니다. 보통 다 그렇게 한다거나 이 정도는 괜찮다고 생각하기 때문에 본인은 전혀 문제 삼지 않습니다.

'사실 나는 게으름뱅이가 아닐까?'라고 생각하는 사람은 오히려 성실한 사람입니다. 게으른 사람이 되지 않으려고 늘 매서운 눈으로 자신을 감시하는 것입니다.

무서운 교관이 언제나 바로 곁에서 나를 지켜보는데 마음 편히 쉴 수 있을까요?

그런데 왜 '게으르면 안 된다'고 생각하게 되었을까요? 지금까지 살아오면서 근면하고 성실하며 빈틈없는 자세를 요구받는 일이 많았기 때문일까요? 부모님에게 꾸중을 들어서일까요? 주변에 열심히 하는 사람들이 너무 많아서 게을러질 틈이 없었던 것일까요? 아니면 '게을러지면 어쩌지?' 하는 불안감 때문일까요?

게으르면 안 된다는 생각으로 게을러지는 것을 두려워하며 무서운 교관을 곁에 두고 언제나 자신을 날카롭게 대하면 마음은 점점 지쳐갑니다. 물론 몸도 비명을 지르겠지요. '너무 나태한 것이 아닐까'라고 생각하면 일을 적당히 하거나 편안히 휴식을 취하지 못하고 늘 긴장 상태로 끊임없이 열심히 할 수밖에 없습니다.

'나는 사실 게으른 사람이다', '방심하면 게으른 본모습이 나와버린다'고 말하는 사람들은 적당히 힘을 빼고 쉬어간들 결코 게으름뱅이가 되지 않습니다. 그런데도 나태함에 빠질까 두려워하며 스스로를 몰아붙이고 그 두려움을 점점 키워갑니다.

그런데 정말 게으름뱅이가 되면 안 되나요?

자신에게 좀 더 관대해지고 게으른 사람이 되어도 좋다고 허락하면 어떨까요?

"좀 쉬어가세요. 좀 더 설렁설렁해보세요."

그런 사람들에게는 이렇게 말해주고 싶습니다.

'적당히 힘 조절하기'를 실천해보라고 말입니다.

계속 힘을 쏟는 것보다 열심히 할 때는 하고 쉴 때는 쉬는 편이 의욕도 더 생기고 좋은 성과로 이어지지 않을까요?

지금 뭔가 짚이는 부분이 있다면 '조금 게을러져도 괜찮지 않을까?'라고 스스로에게 말해보세요. 게을러져도 괜찮다는 인식만으로도 변화는 시작됩니다.

적당히 힘 조절하기

자신에게 엄격한 사람일수록 혼자 있을 때는 아무것도 하지 못하는 경우가 있습니다.

"지난 주말에 옷을 사려고 일정을 비워두었습니다. 그런데 아침에 눈 뜨기가 힘들더니 잠이 깬 후에도 이불 속에서 못 나오고 한참 뭉그적거렸습니다. 정신을 차려보니 어느새 저녁이 되어 있더라고요. 약속이 없으면 온종일 잠옷 차림으로 영화나 핸드폰만 보며 휴일을 보냅니다."

많은 사람들이 공감하는 하루가 아닐까요?

그러면 저는 객관적인 시선으로 말합니다.

"그만큼 평일에 열심히 일했다는 의미입니다. 한 주간의 피로가 주말에 한꺼번에 몰려오는 것입니다. 당연한 거예요."

하지만 자신에게 몹시 엄격한 사람들은 대부분 이런 대답을 내놓습니다.

"그럴지도 모르지만 그럼 안 돼요. 게다가 일을 그렇게 열심히 하지도 않거든요."

이처럼 자기부정을 하는 것입니다.

누군가를 만날 때, 특히 친구를 만나거나 연인과 데이트할 때조차 자신에게 엄격한 사람은 무서운 교관과 늘 함께합니다.

일에서 성과를 냈을 때, 친구와 즐겁게 놀 때, 연인과 행복한 시간을 보낼 때처럼 기분 좋은 상황에서도 늘 자신은 삼엄한 감시 아래 있습니다. 매서운 감시 속에 몸과 마음은 지쳐만 갑니다.

그런데 다행히 약속 없는 휴일에는 무서운 교관도 쉬는지 감시에서 해방됩니다. 평일에 긴장한 만큼 쉬는 날에는 느슨하게 풀어져 피곤이 몰려옵니다. 도저히 아무것도 할 수 없는 상태가 됩니다.

그런 휴일이 지나고 다시 직장에 출근하면 무서운 교관이 어느새 돌아와 '빈둥거리면서 아무것도 하지 않은 나'를 꾸짖습니다. '모처럼의 휴일을 아깝게 보내다니! 새 옷을 장만하려고 했는데!' 하고요.

이처럼 우리는 스스로를 너무 엄격하게 대하는지도 모릅니다.

Question

약속이 없는 휴일 하루를 뒹굴뒹굴하며 보냈을 때 '오늘은 제대로 충전했네!'라고 진심으로 만족할 수 있나요? 아니면 아무것도 하지 않고 시간을 보낸 자신을 한심하게 생각하나요?

이쯤에서 만족해도 될까?

"이러니저러니 해도 당신은 다정한 사람입니다. 다른 사람의 기분을 헤아리며 행동할 줄 알고 상대를 배려하는 말투와 훌륭한 커뮤니케이션 능력을 갖췄습니다."

상담에서는 상대의 가치와 장점, 매력을 이야기해주는데, "정말 기분 좋네요. 내가 그런 사람이라니 전혀 몰랐어요. 감사합니다"라고 칭찬을 있는 그대로 받아들이는 사람은 아주 드뭅니다.

대부분의 사람들은 "아니에요. 저는 그렇게 다정하지 않아요. 다른 사람의 기분을 배려하려고 해도 생각처럼 되지 않아서 오히려 폐만 끼치는걸요"라고 부정합니다.

당신은 어떤 편인가요? 상대의 칭찬을 있는 그대로 받아들이나요? 아니면 부정하나요?

"누가 저에게 멋쟁이라거나 귀엽다고 하면 그 사람 눈이 이상한 거라는 생각이 들어요. 칭찬을 듣는 순간 내가 가진 결점을 떠올리게 됩니다."

"집안일이며 돈 관리며 나름 잘하고 있고 외모나 성격도 최악까지는 아닌데, 결혼은커녕 연애도 못 할 것 같아요."

이런 이야기를 들으면 "자신의 가치와 매력을 인정하지 않으려고 엄청 애쓰시네요"라고 말하고 싶어집니다.

'다정하다', '귀엽다', '집안일을 잘한다'고 인정할 수 있는 엄격한 기준을 스스로 설정해두고, 다른 사람이 칭찬하는 말은 무조건 부정해버리는 습관이 몸에 밴 사람입니다.

열심히 노력해서 자격증을 따도, 마음에 드는 사람을 만나 사귀어도, 일을 잘해서 직장 상사에게 칭찬을 들어도 그러한 성과를 전혀 인정하려 들지 않습니다.

"이쯤에서 만족해서는 안 돼."

"마음을 놓으면 바로 일이 틀어지니까 절대 방심하면 안 돼."

"이 정도는 누구나 할 수 있어."

이렇게 생각하는 것입니다. 자신에게 너무 엄격한 사람들이죠.

칭찬은 고래도 춤추게 한다?

"좋은 결과를 얻었을 때 '누구 덕분인지'를 찾아내는 데 혈안이 됩니다. 내가 노력한 결과라고는 절대 생각하지 않아요."

"프리랜서 타로 강사로 활동하며 감사하게도 도쿄, 후쿠오카에서도 강좌를 열었습니다. 그런데 주변에서 '대단하다', '정말 애썼다'고 말해주면 마음이 영 불편합니다. 어쩌다 보니 수강생이 모였을 뿐이고 그저 운이 좋았다고 생각하거든요. 분명 더 열심히 할 수 있었는데 노력이 부족했다고 느낍니다. 아무것도 안 한 건 아니지만 '더 잘할 수 있었는데 너무 태만하지 않았나' 하는 생각이 들어요."

좋은 결과(업무 성과 등)를 내도 그 사실을 인정하지 않으면 자신감을 가질 수 없고 자기긍정감도 생기지 않습니다. 자신에게 엄격하기에 '어쩌다 운이 좋았다', '나의 성과가 아니다'라고 생각합니다. '노력이 부족했다'고 자신을 채찍질하기에 바쁩니다. 대체 얼마나 더 스스로를 몰아붙여야 자신을 인정할 수 있을까요? 이런 말을 하는 저 또한 비슷한 생각을 할 때가 있습니다. 누구나 그런 마음을 가지고 있습니다.

어쩌면 우리는 무의식중에 이런저런 말들로 자신의 가치와 성과를 부정하면서 스스로를 점점 더 몰아붙이고 있는지도 모릅니다.

자신의 부족한 점만 찾으며 나 자신을 괴롭히다 보면 자기긍정감은 바닥으로 떨어집니다. 아무리 열심히 해봐도 자신감이 생기지 않습니다. 자신을 꼿꼿이 세우려는 다그침이 오히려 자신을 무너뜨리는 결과를 초래합니다.

당신도 자기부정을 하는 습관을 가지고 있지 않나요?

Work

최근 주위 사람에게 칭찬을 듣거나 좋은 결과를 냈을 때를 떠올려보세요. 솔직하게 기뻐했나요? 아니면 사실은 그렇지 않다고 부정했나요?

파랑새를 좇는 한
'현재'에 행복을 느낄 수 없습니다.
돈을 벌어도 연인이 생겨도
지금을 부정하는 습관을 바꾸지 않는 한
행복할 수 없습니다.
파랑새를 찾아 헤매던 동화 속 어린 남매도
결국은 자신들이 키우던 비둘기가
파랑새였음을 깨닫습니다.
행복은 내 가까이,
바로 내 안에 있다는 이야기입니다.

내 마음이
허락하는만큼
한다

내 마음 가는 대로
행동하기

내가 할 수 없는 일을 먼저 찾아라

자기긍정감을 높이는 방법 중 하나는 '지금 내가 할 수 있는 일과 할 수 없는 일을 구분하는 것'입니다.

핵심은 '지금 내가'라는 점입니다.

'어제의 나에게는 가능했더라도 오늘의 나는 할 수 없는 일', '컨디션이 좋을 때의 나에게는 간단한 일이라도 컨디션이 좋지 않은 지금의 나에게는 어려운 일'이 있을 것입니다.

사람마다 잘하고 못하는 것이 있게 마련입니다. 다른 사람은 잘하는데 '나'는 못하는 것들이 꽤 많습니다. 많은 학생들이 한 교실에서 나란히 앉아 같은 수업을 들어도 이해도와 관심도는 저마다 다릅니다. 이처럼 사람에 따라, 상태에 따라, 잘하는 것과 못하는 것이 다릅니다. 누군가에게는 이런 이야기가 당연하게 들리지만, 자신에게 엄격한 사람한테는 전혀 그렇지 않습니다.

'어제는 잘했는데 오늘은 못하다니 말도 안 된다.'

'컨디션이 안 좋다는 것은 자기관리를 못한다는 뜻이다.'

일이 잘 안 되면 자책부터 합니다. 더 나아가 남들과 비교하면서 '다른 사람은 잘하는데……'라며 부정적으로 생각합니다.

마치 로봇처럼 매일 똑같은 수준의 결과를 요구하거나 '이 정도는 해야 한다', '나는 더 잘할 수 있는 사람이다'라고 기대치를 높여서 자신을 채찍질합니다. 손이 닿지 않는 물건을 잡으려 하면서 잡지 못하는 자신을 탓하는 것처럼 터무니없는 일입니다.

매일 자신의 컨디션과 기분이 달라진다는 사실을 얼마나 받아들이고 있나요?

자신과 타인은 다르다는 사실을 얼마나 받아들이고 있나요?

머리로는 알면서도 무의식중에 자신은 늘 좋은 컨디션이기를 바랍니다. 하지만 우리는 기압과 날씨뿐만 아니라 가정과 직장, 인간관계에도 크게 영향을 받는 존재입니다. 또 호르몬까지 영향을 미치니 늘 좋은 컨디션을 유지하기란 불가능에 가

깝습니다. '컨디션과 기분은 날마다 달라진다'는 당연한 사실을 받아들일 필요가 있습니다.

자칫 '남들과 똑같이 해야 한다', '다른 사람이 잘하는 일은 나도 잘해야 한다'고 생각하기 쉽지만 내가 남과 다른 것은 그야말로 '개성'입니다. 남에게는 쉽고 내게는 어려운 일들이 세상에는 너무나 많습니다. 스스로에게 엄격한 사람은 이 사실을 인정하지 못합니다. 남과 나를 비교하는 동안 늘 더 푸르게 보이는 옆집 잔디를 보며 자기부정이라는 덫에 빠지고 맙니다.

할 수 있는 일에 에너지를 쏟아라

그런데 이러한 자기부정이 달리 작용하면 '우월감'을 만들어 내기도 합니다. 자기보다 못한 사람을 보고 안도하는 심리입니다. '내가 저 사람보다 낫다'고 생각하면서 스스로 위안하거나 '내가 저 사람보다 잘하니까'라며 상대를 깎아내립니다.

이런 우월감 또한 자기혐오와 자기부정의 또 다른 표현입니다. 타인보다 우위에 있다고 생각하는 사람은 자신감이 없는 사람입니다. 우리 주변에 이런 사람들이 드물지 않습니다.

저도 꽤 기분파여서 그날그날 성과가 다릅니다. 이 책을 쓸 때도 글이 술술 써지는 날도 있고 집중력이 금세 고갈되어 산만해지는 날도 있습니다. 예전에는 그런 나 자신을 거침없이 몰아세웠습니다.

'이러면 마감일을 맞추지 못해.'

'어제 써낸 분량만큼 오늘도 당연히 해내야지. 그렇지 않으면 프로라고 할 수 없어.'

집중력이 떨어지는 날도 그저 열심히 억지로라도 계속 글을 썼습니다. 나중에 다시 보면 책에 넣을 만한 내용이 없어 다시 써야 하는 일이 몇 번이나 반복되었습니다. 그런 경험을 수없이 하고 난 지금은 '안 써질 때는 어쩔 수 없지. 오늘은 오늘의 속도대로 써보자. 즐기면서 쓰는 것이 가장 중요하니까'라고 나 자신에게 말합니다.

그러다 마감일을 지키지 못해 편집자에게 폐를 끼치게 되더라도 스스로 만족할 수 없는 원고를 억지로 써서 보내는 것보다는 훨씬 낫다고 생각합니다(이 책을 쓸 때도 마감일을 연장해달라고 부탁했습니다). 스스로 만족하지 못하는 원고는 분명 돌이킬 수 없는 후회와 독자들의 실망으로 이어질 테니까요.

글이 잘 써지지 않는 날에는 '지금 내가 할 수 있는 일, 할 수 없는 일을 구분하고 할 수 있는 일에만 에너지를 집중하자'고

의식적으로 생각했습니다. 좀처럼 글이 풀리지 않으면 과감하게 다른 작업을 했습니다. 사실 딱 오늘이 그런 날이어서 조금 전까지 메일도 보내고 사무 업무도 처리하고 유튜브를 보기도 하면서 나름의 속도에 맞춰 하루를 보냈습니다. 그러다 불현듯 이 글의 소재가 떠올라 무사히 다시 집필에 몰두하게 되었습니다.

Question

당신의 소중한 에너지를 어떤 일에 쏟고 싶은가요?

아무것도 하지 않아도 된다

지금 해야 하는 일 한 가지를 떠올려보세요.

'설거지', '내일 할 일 준비', '다음 주까지 제출해야 하는 보고서 작성', 'SNS 답장 보내기' 등 어떤 일이든 좋습니다.

'그 일은 지금 내가 할 수 있는 일인가, 할 수 없는 일인가?'

스스로에게 물어본 다음 마음의 소리에 가만히 귀 기울여보세요.

'할 수 있다'는 대답이 들려오면 '좋아!' 하고 힘차게 시작합니다.

'못해'라는 대답이 들려오면 '그래, 오늘은 하지 말자'라고 과감하게 접어둡니다. 뒤이어 '꼭 해야 하는 일인데'라는 말이 들려온다면 한층 단호하게 '그래도 일단 접자'고 외칩니다.

'하지 않으면 안 되는데'라고 생각하는 이유는 '하고 싶지 않은 일'이기 때문입니다. 이때는 '하고 싶지 않다'는 자신의 마음을 존중해주세요.

일단 접어두기

자신에게 엄격한 사람은 자신의 기분을 존중하는 마음 훈련을 꼭 해야 합니다.

'그러면 일이 전혀 진행되지 않잖아. 상사한테 혼난다고', 이런 걱정이 이어져도 무조건 '괜찮아, 괜찮아!' 하고 대답해주세요. 나 자신에게 '일단 접어두기'를 허락합니다. 다른 작업을 해도 좋고 쉬거나 놀아도 좋습니다.

죄책감을 느낄 필요는 전혀 없습니다.

'이렇게 계속하다간 급기야 아무것도 하기 싫어질걸'이라는 소리가 들려올지도 모릅니다. 그때는 '그래도 괜찮아' 하고 자신에게 말해주세요. '상사에게 혼날 거야', '아무것도 하기 싫어질 거야'라는 말은 두려움을 조장하는 협박입니다. 이것은 타인 중심의 삶을 살며 자신을 신뢰하지 않는다는 증거이기도 합니다. 이럴 때는 '그런 협박에 넘어가면 안 돼!' 하고 스스로에게 단단히 일러둡니다.

꼭 해야 하는 일이지만 지금 내가 할 수 없는 일이라는 생각이 들 때는 다른 사람에게 도움을 요청하면 됩니다. 실제로 많은 사람들이 남에게 부탁하기를 꺼립니다.

특히 자신에게 엄격할수록 '남에게 의지하면 안 된다'고 믿기 때문에 모든 일을 혼자 떠안으려 할 때가 많습니다. 그러므로 '다른 사람에게 의지하기, 부탁하기' 또한 스스로 엄격한 사람에게는 자신을 바꿔가는 마음 훈련인 셈입니다.

마지막으로 '반드시 내가 직접 해야 해! 꼭 지금 해야만 해!'라고 생각되는 일이 있다면 자기긍정감을 높일 기회라고 인식해보세요.

'사실은 안 해도 되지만 그럼에도 불구하고 열심히 하려는 내가 정말 기특해'라고 세 번 이상 되뇌인 다음 기운차게 시작합니다. 그때는 반드시 노력하는 나 자신을 충분히 칭찬해주세요.

'해야 할 일'이 머릿속을 맴돌 때 이런 방법을 활용하면 지금 내가 할 수 있는 일을 하든 아무것도 하지 않든 '자연스러운 내'가 됩니다. 그때 자기긍정감은 저절로 높아집니다.

Work

지금 내가 할 수 있는 일인지 할 수 없는 일인지 스스로에게 물어

보고 마음의 소리에 귀 기울여보세요.

지금 이 순간 나에게 집중하라

'할 수 있는 일과 할 수 없는 일 구분하기'를 한 단계 더 깊이 살펴보고자 합니다.

자기긍정감이 높은 사람은 자신의 컨디션이나 기분에 따라 '오늘은 컨디션이 좋으니까 팍팍 진행해야지'라든가 '오늘은 기분이 도통 나지 않으니 조금 쉬어야겠다'라며 자신의 속도를 조절합니다.

일이 손에 잡히지 않는 날은 애써 본들 심신만 지칠 뿐 능률이 오르지 않는다는 것을 잘 알고 있습니다. 하지만 자신에게 엄격한 사람은 그런 자신을 도저히 받아들일 수가 없습니다. 자신에게 늘 최고의 성과를 요구하기 때문입니다.

그런데 애초에 늘 '최고의 성과'가 나올 수 있을까요? 좀처럼 보여줄 수 없는 것이기 때문에 오히려 '최고'라는 수식을 붙이는 것이 아닐까요?

그런데도 자신에게 매번 '최고'를 요구한다면 그야말로 '자신을 괴롭힌다'는 것 말고 달리 표현할 방법이 없습니다.

오늘 할 수 있는 만큼만 한다

좋게 말하면 향상심이 있는 사람입니다. 언제나 지금보다 더 높은 곳을 바라보며 높디높은 기준을 설정해놓고 자신에게 그 이상을 요구합니다. 마치 국가대표를 목표로 하는 운동선수처럼 말이죠.

지금 '내 얘기 같은데?'라고 생각하셨나요? 그렇다면 운동선수들이 최고의 성과를 내기 위해 평소 어떻게 훈련하는지 살펴볼 필요가 있습니다.

- 강도를 조절하며 훈련하고 충분히 휴식을 취한다.
- 훈련하지 않는 날을 정해두고 심신을 쉴 시간을 확보한다.
- 무리한 훈련은 부상으로 이어지므로 그날 컨디션에 맞게

훈련한다.

- 조금이라도 몸 상태가 이상하면 바로 트레이너와 상의하여 훈련 내용을 조정한다.
- 최고의 기량을 발휘할 수 있도록 이미지 트레이닝을 한다.

운동선수는 매일 최고의 성과를 목표로 훈련하지 않습니다. 이것을 당신의 회사 업무와 일상에 적용해보면 어떨까요? 그렇다면 최고의 성과를 기준으로 삼지 않고 무엇에 의식을 집중하면 될까요?

바로 '오늘 나의 최고', 어제 또는 남들과 비교하는 것이 아니라 '오늘의 나'에게 의식을 집중하는 것입니다.

이것은 '지금 내가 할 수 있는 일과 할 수 없는 일'을 구분하는 것과 같은 맥락입니다. 오늘의 최고는 어제의 최고와 다를 수 있습니다. 하루 중에도 바뀌며 오전과 오후가 다르기도 합니다. 아침형 인간은 오전에 컨디션이 좋고 아침 활동을 힘들어하는 사람은 저녁이 될수록 컨디션이 좋아집니다.

'오늘 내가 할 수 있는 것에 최선을 다한다.' 여기에 의식을 집중하면 됩니다.

'오늘은 컨디션이 정말 좋네'라고 생각하면서 책 작업을 하다 하루에 1만 자 정도를 써낸 날이 있습니다. 그런데 그다음 날 어쩐지 속도가 붙지 않고 좀처럼 글이 써지지 않았습니다. '뭐, 이런 날도 있는 거지'라며 다른 일도 하면서 설렁설렁 글을 써나갔습니다. 그때는 '2~3천 자 정도라도 쓰면 다행이겠다' 싶을 정도였습니다. 그러나 결과적으로 그날 쓴 분량은 1만 5천 자나 되었습니다. 무려 컨디션이 좋았던 날의 1.5배였습니다.

물론 집필 시간은 달랐지만 역시 나름의 속도로 나아갈 때 일의 효율이 가장 높다는 것을 새삼 깨달았습니다.

Work

날마다 '오늘 내가 할 수 있는 것'이 어느 정도인지 설정하는 습관을 만들어보세요.

힘들 때는 힘들다고 말하라

'네 분수를 알라'고 하면 불쾌하게 들릴지도 모르지만 저는 상담에서 이런 의미의 말을 자주 하는 편입니다. 물론 명령조가 아니라 "지금 당신은 자신의 한계를 아는 것이 중요합니다"라고 가능한 부드러운 어조로 이야기합니다.

'자기 분수를 안다'는 것을 다음과 같이 표현하면 이해하기 쉬울 것입니다.

"당신에게 그런 기대를 걸지 마세요. 당신 마음이 무너지고 있다는 것을 알고 있나요?"

당장이라도 마음이 무너질 상황인데 여전히 '나는 할 수 있다'라며 애쓰고 있습니다. 거기에 '잠깐!' 하고 제동을 걸어주세요. 그 기대에 부응할 만큼 마음의 용량이 남아 있지 않기 때문입니다.

"그런 짐을 자신에게 짊어지워서 어쩌려고요? 이미 적재 용량을 초과했어요."

당신이 떠안고 있는 업무량은 누가 봐도 명백한 용량 초과입니다. 금방이라도 떨어질듯이 많은 짐을 싣고 아슬아슬하게 달리는 트럭 같아요.

"왜 그렇게까지 자신을 몰아붙이나요? 자신이 그렇게 강하다고 생각하나요?"

당신은 확실히 '강한' 사람입니다. 하지만 그토록 강한 사람을 너덜너덜해질 정도로 몰아붙인다는 느낌이 듭니다. 이제 멈춰주세요. 그건 그저 스스로를 괴롭히는 일일 뿐입니다.

"이제 한계에 이르렀다고 인정해도 괜찮아요. 아직도 더 할 수 있다고 스스로 믿고 싶나요?"

이미 한계에 달했는데도 여전히 자신을 채찍질하면서 힘을 짜내려고 합니다. 하지만 전혀 괜찮지 않아요. 괜찮다고 생각하고 싶은 마음은 이해하지만 괜찮지 않은 것입니다.

"힘들 때는 힘들다고 말하세요. 마음이 비명을 지르고 있잖아요."

이렇게 힘든데 왜 참으면서 노력하나요? 그렇게 스스로를 괴롭히고 싶은가요? 마음의 비명이 들리지 않나요? 마음의 소리에 귀를 기울여주세요.

이 말을 듣고 뜨끔한 사람들도 있을 것입니다. 제가 전하고자 하는 메시지는 '지금의 나 자신을 제대로 바라봐달라'는 것입니다.

'괜찮다고 생각하고 싶지만 괜찮지 않다'고, '이제 너무 힘들어서 더 이상 애쓰고 싶지 않다'고 인정하는 것입니다. 그러기 위해서는 굉장한 용기가 필요합니다.

괜찮지 않다고 힘들다고 인정하는 자신이 미워질지도 모릅니다. 그래도 사실은 스스로도 알고 있을 테지요. 더 이상 이대로는 안 된다는 것을, 이미 한계에 이르렀다는 것을요.

'자기 분수 알기'를 가슴 한구석에 잘 넣어두고 자신을 있는 그대로 받아들이세요.

Question

'자신의 한계'는 무엇이라고 생각하나요?

'열심히'보다 '즐기면서' 하라

'이런 나는 안 돼. 지금의 나로는 성공할 수 없어'라고 생각하며 억지로 힘을 낸 적이 있나요?

직장 일, 다이어트, 결혼, 자기계발, 자격증…… 향상심을 가지고 목표를 향해 노력하고 있습니다. 이제 다음 질문을 잘 읽고 대답해보세요.

'이런 나는 안 돼'라고 단호하게 자기부정을 하면서 노력하지는 않습니까?

당신이 '비판을 받으면서 성장하는 성향'이라면 이 방법이 효과가 있을지도 모릅니다. 그러나 자신이 '칭찬받으면서 성장하는 성향'이라면 '이런 나는 안 돼'라고 생각하는 순간 의욕을 잃게 됩니다. '성공하기 위해서는 더 노력해야 해'라고 자신을 격려하려고 하지만 실제로는 반대의 효과를 가져옵니다.

이런 격려 방식은 '두려움'을 이용해 자신을 몰아세우려는 심리에서 비롯됩니다. 사실 그다지 효과 없는 방식입니다.

다이어트는 결과가 나타나기까지 몇 개월에서 몇 년의 시간이 걸립니다. 자신에게 엄격한 사람은 그동안 '두려움'을 이용합니다. 이때도 무서운 교관이 나타나 '지금 먹으면 살찐다', '칼로리 계산은 제대로 했나?', '배고프다느니 약한 소리 하지 마', '식이조절을 더 해야지'라고 쉴 새 없이 소리칩니다. 이 상태로 다이어트에 성공할 수 있을까요? 살을 빼는 것보다 무서운 교관의 말을 견디기가 힘들어서 도망치고 싶지 않을까요?

어떻게 해야 즐기면서 할 수 있을까?

'두려움'을 이용한 노력은 나 자신에게 '두려움'을 들이대는 협박입니다. 목에 칼이 겨누어진 상태로 오래 견딜 수 있는 사람은 아무도 없습니다.

물론 자신을 압박하면서 스스로 의욕을 끌어올릴 수도 있습니다. 그러나 한순간의 일시적인 효과만 거둘 뿐입니다. 예를 들어 '무조건 오늘 중으로 자료를 정리해야 내일 발표할 수 있는' 상황이라면 효과를 발휘할지도 모릅니다. 그러나 장기적인 목표를 이루고자 할 때 반복적인 자기부정은 그저 의욕을 좀먹는 일이나 다름없습니다.

심리학에서는 두려움을 이런 시각으로 바라봅니다.

'두려움'에는 순발력이 있지만 지속력은 없다.

'애정'에는 순발력이 없지만 지속력이 있다.

학교에서 선생님이 "어서 일어나"라고 무섭게 말하면 학생들은 어떻게 할까요? 모두 깜짝 놀라 바로 자리에서 일어나 무의식중에 차려 자세로 서 있을 것입니다. 이것이 순발력입니다. 그러나 그 자세로 수십 분 넘게 설교를 듣다 보면 지치기 마련이고 선생님이 교실을 나가자마자 의자에 털썩 주저앉지 않을까요? 다시 말해 지속력을 발휘하기 힘들다는 것입니다.

선생님이 "자, 여러분 자리에서 일어나주세요"라고 경쾌하게 말하면 학생들은 '무슨 일이지?'라고 생각하며 자리에서 주섬주섬 일어나겠지요. 순발력은 없습니다. 물론 꼿꼿이 선 차려 자세가 아니라 편안한 자세로 서 있을 것입니다. 그 상태에서 선생님이 부드럽게 이야기를 풀어간다면 조금 긴 시간이라도 학생들은 어떻게든 견뎌냅니다. 이때는 지속력이 발휘됩니다.

장기간에 걸친 일을 할 때 처음 시작 단계에서는 두려움을 활용해도 좋지만 일단 시작한 후에는 목표를 향한 '애정'이 필요합니다.

여기서 말하는 애정은 기쁨, 즐거움, 흥, 유쾌함과 같은 긍정적인 감정을 의미합니다.

다이어트에 성공하고 싶다면 '지금 이대로는 안 돼. 살을 빼지 않으면 누가 날 좋아하겠어'라고 스스로를 겁주지 말고 '어떻게 해야 다이어트를 즐기면서 할 수 있을까?' 하고 즐길 방법을 모색하는 것이 효과적입니다.

'다이어트에 성공하면 마음에 드는 옷을 실컷 입어야지! 인기도 엄청 많아질 거야! 다들 예쁘다고 하겠지!' 하고 욕심을 내도 좋습니다. '다이어트를 하면 몸이 가벼워져서 활동하기도 편하고 건강해지니까 기분도 좋아질 거야!'라며 건강이 좋아지는 효과에도 집중해봅니다.

'두려움에서 비롯된 노력'은 실패하기 쉽습니다. 그러니 '어떻게 하면 재밌게 할 수 있을까?' 하고 꼭 한 번 생각해보세요. 분명 스스로 행복해지는 좋은 연습이 될 것입니다.

Work

목표를 이루기 위해서는 어떻게 해야 그 과정을 재미와 즐거움, 환희로 바꿀 수 있을지 생각해보세요.

약점을 드러낼수록 강해지는 원리

'저 사람은 나보다 우월하다.'

'저 사람에게는 지고 싶지 않다.'

자신에게 엄격한 사람은 습관적으로 타인과 비교하며 경쟁심을 드러냅니다. 비교와 경쟁은 마음을 늘 전시 상태로 만듭니다.

남과 비교해서 우월감을 느끼기도 하고 누가 더 낫고 누가 더 못하는지를 따지는 것에 집착하면서 상대의 사소한 말과 행동에도 과민 반응을 보인 적이 없나요?

특히 같이 일하는 팀원이나 동료처럼 심리적으로 가까운 사람을 대할 때 경쟁심이 드러나는 경우가 많습니다. 언제나 당장이라도 링 위에서 싸울 듯한 태세를 취하고 있습니다. 늘 긴장한 상태로 상대를 신경 쓰며 '타인 중심'으로 살아갑니다.

자연히 마음은 피폐해지고 원만한 인간관계를 구축하기도 어려워 의도하지 않게 트러블메이커가 되기도 합니다. 그런 경쟁심이 원인이 되어 이혼 위기를 맞거나 상사나 동료와 충돌해서 회사를 그만두었다고 고백하는 사람들도 많습니다. 그런 사람들은 '내가 더 열심히 했는데', '내가 더 뛰어난데', '발전적인 방향으로 갈 수 있는 제안을 한 것인데', '내 아이디어가 훨씬 참신하고 결과도 좋았을 텐데' 하는 불만을 토로합니다.

물론 이런 이야기를 들으면 그들이 얼마나 성실하고 뛰어난 사람인지를 느낄 수 있습니다. 하지만 그들 마음속 깊은 곳에는 '자신감 부족'이 자리 잡고 있습니다.

사실은 자신의 매력과 능력에 자신이 없어 스스로를 못난 사람이라고 여기며 부단히 자신을 채찍질합니다. 어떻게든 인정받기 위해, 어떻게든 사랑받기 위해 노력해온 것이죠.

자신의 약한 모습을 감추기 위해 이론으로 무장하기도 하고 자신을 포장하면서 남보다 더 높은 자리에 서고자 합니다. 경쟁심이 강한 사람일수록 사실은 마음속에 약한 부분을 숨긴 채 늘 강한 척하며 살아갑니다. 언제나 날카로운 눈으로 자기 자신을 감시합니다. 무서운 교관이 곁을 지키고 있죠.

이들의 이야기를 계속 듣고 있다가 어느 정도 차분해졌을 때 "그렇게 하면 힘들지 않으세요?"라고 묻습니다. 그러면 "너무 힘들어요"라며 쓴웃음을 짓고는, "그런데 어떻게 해야 좋을지 모르겠어요"라고 말합니다.

그러면 저는 패배를 인정하라고 권합니다. 상대와의 경쟁에서 자신이 패배하였음을 인정하는 '패배 선언'을 하라고 말입니다.

그런데 애초에 배우자나 직장 동료들은 경쟁해야 할 상대가 아닙니다. 오히려 힘을 합쳐서 더 좋은 관계를 만들어가야 하지 않나요?

물론 머리로는 잘 알고 있습니다. 그런데도 경쟁심이 끓어오르는 것은 자신의 약한 부분을 드러내면 미움받지 않을까, 실망하지 않을까, 비웃음 사지 않을까, 버림받지 않을까, 무시당하지 않을까, 하는 두려움이 있기 때문입니다. 그래서 자신도 모르게 자꾸만 강한 사람인 척합니다.

강한 척하느라 너무 힘들다면 패배를 인정해보세요. 이제 경쟁의 무대에서 내려오겠다는 선언입니다.

부족한 나를 인정한다

"제가 졌습니다. 당신의 승리입니다."

직접 소리 내어 말해보세요. 입 밖으로 말을 꺼내기가 좀처럼 쉽지 않습니다. 말로 내뱉는 순간 참담함과 혐오감, 수치심이 맹렬하게 몰려와 나 자신이 보잘것없는 존재처럼 느껴집니다. 스스로가 너무도 비참하고 한심해서 견딜 수가 없습니다. 아무것도 못하는 나약한 인간, 아무런 매력과 가치가 없는 존재인 것만 같습니다.

어쩌면 지금까지 스스로를 그렇게 생각해왔는지도 모릅니다. 매력적이고 빈틈없이 완벽해 보이는 사람의 내면에는 이토록 나약하고 자기혐오로 가득한 또 다른 내가 숨어 있습니다. 그런 자신을 자꾸 숨기려고만 하면 언제까지나 강한 척하며 살아갈 수밖에 없습니다.

패배를 인정함으로써 또 다른 나 자신을 드러냅니다.

'나약한 내 모습도 이해한다.'

'못난 내 모습도 인정한다.'

'완벽하지 않아도 용서한다.'

'이런 나 자신도 사랑한다.'

진심으로 이렇게 느낄 수 있다면 삶이 얼마나 편해질까요? 승패가 나뉘는 경쟁 세계에서는 계속 이기기만 하는 승자도 고독할 따름입니다.

자신의 약한 모습을 인정하고 못난 부분을 받아들이면 다른 사람의 도움이 필요한 순간 솔직하게 다른 사람에게 부탁하고 의지하며 어리광을 부릴 수도 있겠지요. 혼자 강한 척하며 힘들어하는 것이 아니라 타인과 유대를 다지며 즐겁게 일할 수 있습니다.

'나의 약점이 상대의 강점이 된다'는 말이 있습니다. 내가 부족한 부분은 상대에게 도움받고, 상대에게 부족한 부분은 내가 도움을 주면 '한 팀'이 될 수 있지 않을까요?

혼자 모든 것을 짊어질 필요 없이 다른 누군가와 짐을 나눠 들 수 있다는 의미입니다. 경쟁하는 것이 아니라 서로를 보완해갈 때 삶이 훨씬 수월해질 것입니다.

물론 경쟁은 긍정적인 면도 있습니다. 상대의 노력이 나에게 자극과 의욕을 북돋우기도 하니까요. 하지만 자신감이 없는데도 승패에 집착하는 경쟁심은 각별히 주의해야 합니다. 함께 발전하기는커녕 서로의 발목을 잡기 때문입니다. 결국 아무도 행복해지지 않습니다.

게다가 이런 경쟁심은 자신을 더욱 엄격하게 감시하도록 만들어 스스로를 지치게 합니다. 경쟁의 무대에서 내려오고 싶을 만큼 지쳤다면 '패배 선언'을 해보세요.

Work

무심결에 경쟁하는 상대를 떠올리며 "내가 졌습니다"라고 소리 내어 선언해보세요.

마음속에 있던 감정을 인식하면 팽팽했던 긴장의 끈이 느슨해지면서 기분이 한결 편안해집니다. 마음이 가벼워질 때까지 몇 번이고 패배를 인정해보세요.

자기긍정을 불러일으키는 말습관

힘들 때는 '힘들다'.

싫은 것은 '싫다'.

외로울 때는 '외롭다'.

부끄러울 때는 '부끄럽다'.

슬플 때는 '슬프다'.

화날 때는 '화난다'.

비참할 때는 '비참하다'.

미안한 마음이 들 때는 '미안하다'.

이런 감정을 느껴서는 안 된다는 생각이 들어도 그런 감정을 느낀 것은 어쩔 수 없는 사실입니다. 그러니 자신이 느낀 감정을 있는 그대로 받아들이세요.

'자신에게 한없이 솔직해지기'는 스스로 지나치게 엄격한 사람에게 가장 큰 목표가 아닐까 싶습니다. 솔직해진다는 말은 자신의 감정을 있는 그대로 인정한다는 의미입니다.

물론 인간의 마음은 그리 단순하지 않습니다.

'분하고 비참한 마음을 못 이기고 상대에게 화를 내면서도 그런 나 자신이 싫고, 지기 싫어서 경쟁하다가도 그런 나 자신이 옹졸하게 느껴진다.'

이렇게 자신의 기분을 솔직히 인정하기란 쉽지 않습니다. 엄청난 심적 부담을 동반하기 때문입니다. 그래도 받아들이기 어려운 자신의 감정까지 모두 인정해보세요. 그것이 지금 나의 솔직한 마음이라고 말입니다.

좋은지 나쁜지 옳은지 그른지 판단하는 것이 아니라 그저 이런 마음이라는 것을 담담히 받아들이면 됩니다.

어쩔 수 없는 것은 받아들여라

"저는 굉장히 성가신 사람이에요", "저는 너무 까다로워요"

라고 하면, 저는 곧바로 "성가시지 않은 사람은 없고, 까다롭지 않은 사람은 세상 어디에도 없습니다"라고 대답합니다.

갈등하고 고민하고 강한 척하는 나약한 내가 '지금의 나'라는 것을 받아들여보세요.

저는 '어쩔 수 없지'라는 말을 달고 사는 사람입니다. 이러한 말습관은 스스로에게 솔직해지는 데 더없이 유용합니다.

'화나는 건 화나는 거니 어쩔 수 없지. 그런 기분이 드는걸, 뭐'라고 당당하게 생각하세요.

지금 자신의 기분 그대로를 '어쩔 수 없지'라고 솔직하게 인정하는 것, 지금의 나를 받아들이는 것이 바로 자기긍정감입니다.

무엇이든 솔직한 감정을 표현해보세요. 남들에게 보여지는 강한 모습과는 다른 감정이라도, 자신의 신념과는 정반대라서 인정하고 싶지 않은 감정이라도 마음이 그렇게 느꼈으니 어쩔 수 없습니다. 스스로를 받아들이는 것은 내 마음을 인정하는 것에서 시작됩니다.

Work

오늘 하루 당신이 느낀 감정을 솔직하게 인정해보세요. '그렇게 느꼈으니 어쩔 수 없지' 하고 모든 감정을 받아들입니다.

좋고 싫음이 명확할수록 인생이 즐겁다

"좋아하는 것은 좋아하고 싫어하는 것은 싫어해도 돼."

이 말을 열 번 소리 내어 말해보세요. '왜?'라는 의문은 일단 접어두고 크게 말해봅니다.

자신에게 엄격한 사람은 생각보다 이 말을 하기가 어렵습니다. 도통 입 밖으로 나오지 않아서 마지못해 기계처럼 감정 없이 내뱉습니다. 당신은 어떠셨나요? 자연스러운 감정이 실렸나요?

자기 감정을 솔직하게 인정하는 이야기를 조금 더 해볼게요. 자신에게 엄격한 사람은 자신이 좋아하는 것과 싫어하는 것에 대해 다음과 같은 관념을 가지기 쉽습니다.

- 좋아하는 것 – 그런 것을 좋아하면 안 된다. 성숙하지 못하다. 남이 알면 비웃을 일이다. 부끄럽다. 한심하다.
- 싫어하는 것 – 무언가를 싫어하는 나를 용납할 수 없다. 다른 사람들이 좋아하므로 나도 싫어해서는 안 된다.

타인 중심으로 살아가면 자기도 모르게 이런 사고의 덫에 갇혀버립니다. 엄격할수록 '좋아한다'는 감정을 인정하지 않고 무언가를 좋아하는 감정을 금지하려는 경향을 보입니다.

그래서 자기가 무엇을 좋아하는지 모르거나 좋아하는 것이 없다고 생각하기도 합니다. 또 '좋다', '싫다'는 감정에 이성적 잣대를 들이밀며 '좋아해야 한다', '싫어하면 안 된다'고 감정을 제한하려 합니다.

좋아하는 것과 싫어하는 것을 구분하라

'상사는 업무 능력이 뛰어나서 지금의 자리에 있는 것이다. 설령 나와 맞지 않아도 싫어해서는 안 된다.'
'이런 나를 필요로 하는 사람이니 좋아해야만 한다.'
'등 푸른 생선은 건강에 좋은 음식이니 싫어하면 안 된다.'

자신에게 엄격한 사람은 '옳고 그름' 또는 '이론과 상식'을 기준으로 감정을 통제하는 데 익숙합니다. 하지만 감정을 통제하는 것이 습관화되면 좋고 싫음뿐만 아니라 자기가 무엇을 원하는지조차 모르게 됩니다.

어떻게 해야 하는지, 어떻게 하는 편이 나을지, 무엇을 해서는 안 되는지만을 생각하다 보면 늘 어떤 일에도 흥미를 느끼지 못합니다. 삶에서 재미와 즐거움이 사라지는 것이죠. 이런 상태가 지속되면 어느새 나는 웃지 않는 무표정한 사람이 됩니다.

인간은 감정의 동물입니다. 감정을 억압하면 로봇이나 다름없겠죠. 감정을 느끼거나 표현하지 못하면 살아 있다고 할 수 없습니다.

"나는 대체 무엇을 위해 살고 있을까요?"

오랜 기간 상담해오면서 많이 듣는 질문입니다.

삶에 생기를 되찾고 인간답게 살아가려면 자신의 감정을 소중히 여겨야 합니다. 그때 자신에게 건네는 말이 바로 '좋아하는 것은 좋아하고 싫어하는 것은 싫어해도 돼!'라는 것입니다.

주위를 둘러보세요. 좋고 싫음이 분명한 사람일수록 더 활기차게 인생을 즐기고 있지 않나요?

'좋아하는 것은 좋아한다, 싫어하는 것은 싫어한다'고 당당하게 선언해보세요. 인간답게 살아가기 위해서는 무엇보다 이런 마음을 가져야 합니다.

　당신은 자신이 좋아하는 것과 싫어하는 것을 얼마나 솔직하게 받아들일 수 있습니까?

　단순하고도 중요한 이 마음 자세를 꼭 기억하세요.

Work

좋아하는 것과 싫어하는 것을 각각 50개씩 적어보세요.

머리가 아닌 가슴으로 판단하라

동료의 사소한 한마디로 기분이 상하는 일이 생겼습니다. 그때 '이런 일로 화를 내다니 난 정말 옹졸한 인간이야'라고 생각하지는 않습니까?

친구가 결혼식 날짜가 잡혔다고 청첩장을 보냈다면 어떨까요? 겉으로는 "축하해! 결혼식에 꼭 갈게"라고 대답하면서도 질투와 서운한 마음, 자신을 앞질렀다는 사실에 비참한 기분까지 듭니다. 그 순간 '친한 친구의 결혼을 진심으로 축하해주지 못하다니 난 정말 못났구나'라고 자책하지 않습니까?

회사에서 업무 실수로 상사에게 잔소리를 듣던 중에 솔직하게 잘못됐다고 하면 될 일을 구구절절 변명을 늘어놔 상사를 더욱 화나게 했습니다. '왜 그때 솔직하지 못했을까? 변명 따위 소용없는데'라고 자신을 탓하지 않나요?

연인이 데이트 약속을 취소했다면 어떨까요? '바쁘니까 어쩔 수 없지. 다음에 만나자. 일 열심히 해'라고 답장을 보냈지만 실망과 서운한 마음에 결국 친구에게 푸념을 늘어놓습니다. 친구도 '솔직히 싫다, 서운하다고 얘기하지 그랬냐'고 말합니다. 너그러운 사람인 척 솔직한 기분을 말하지 못하는 스스로가 싫어지지는 않습니까?

자신의 기분에 솔직해질수록 다양한 갈등이 나타납니다. 어릴 때부터 내면의 기준에 따라 '무엇이 좋고 나쁜지, 무엇이 옳고 그른지' 판단하기 때문입니다.

어떤 상황에서도 자기가 느낀 솔직한 감정을 제쳐두고 '여기서는 이런 답을 해야 해', '이때는 화내서는 안 돼'라고 머리로 생각하고 판단합니다. 자기 마음보다 '무엇을 해야 하는지'를 기준으로 자신이 느낀 감정이 옳은지 그른지를 판단합니다.

어른이라면 당연히 그래야 한다고 생각할지도 모릅니다. 그러나 결과적으로 자신의 감정을 억압하는 것이기에 가슴속이 답답해집니다. 감정보다 이성만을 앞세우면 늘 마음에 무언가 걸린 듯 개운하지 않습니다.

옳은 것에 집착하지 마라

우리는 '이래야 한다, 저래야 한다'는 수천수만 개의 관념을 가지고 다양한 가치관에 따라 좋고 나쁨과 옳고 그름을 '머리'로 판단합니다. 수많은 관념과 가치관은 자신을 숨 막히게 옥죄면서 정체 모를 답답함과 찜찜함을 마음에 심어줍니다. 특히 엄격하게 자신을 속박하는 사람은 '바른 태도'와 '옳은 행동'을 하지 않았을 때 자신을 모질게 꾸짖습니다.

자신의 감정에 솔직해지고 싶다면 이런 관념과 가치관에 근거한 판단을 최대한 내려놓아야 합니다.

"그것도 머리로 생각하고 판단해서 자신을 벌하는 게 아닌가요?" "지금도 옳음에 집착하는 셈 아닌가요?"

이렇게 반박하는 사람들도 있습니다.

물론 곧바로 그 자리에서 자신의 감정을 드러낼 필요는 없습니다. 오랜 습관은 단숨에 바뀌지 않습니다. 무심코 화를 내도, 친구의 결혼을 진심으로 기뻐하지 못해도, 잘못했다고 솔직하게 말하지 못해도, 연인에게 좋은 사람인 척해도, '이런 감정이 드는 건 어쩔 수 없지'라고 우선 받아들입니다. 이것이 바로 자기긍정입니다.

'자신이 옹졸한 인간이라는 생각이 들어도, 화가 나는 건 어쩔 수 없지.'

'친구의 결혼을 진심으로 축하해주지 못해도 어쩔 수 없지. 나도 결혼하고 싶은걸.'

'실수에 변명을 늘어놓는 것도 나다운 일이지, 뭐.'

'바쁜 애인에게 어떻게 대놓고 서운하다고 말하겠어.'

사이좋은 친구에게 말하듯이 나 자신에게 말해봅니다.

친한 친구가 그런 이야기를 하면 당신은 뭐라고 말해줄까요? 예를 들어 친구가 '동료의 한마디에 화내는 나 자신이 너무 옹졸한 것 같다'고 당신에게 털어놓는다면 뭐라고 말하겠습니까?

"너는 왜 그렇게 너그럽지 못하니?"라고 말하지는 않을 것입니다. 오히려 "당연히 화가 나지. 나라도 그러겠다. 네가 특히 옹졸한 게 아니라 누구나 그런 마음이 드는 거야"라고 말하지 않을까요?

자신에게 지나치게 엄격한 사람도 분명 친구에게는 상냥하고 쉽게 용서할 것입니다. 그러니 친구를 대할 때처럼 스스로를 대한다면 자신에게도 상냥해질 수 있습니다.

자신을 '받아들이기(수용)'와 '긍정하기'가 쉽지 않다면 '친구가 같은 고민을 털어놓을 때 뭐라고 말해줄까?'라고 관점을 바꿔보세요. 스스로에게 엄격한 태도를 바꿔나가는 데 무척 도움이 됩니다.

이런 과정을 반복하다 보면 자신을 속박했던 관념과 가치관도 느슨해져 어느새 자유로워진 자신을 발견할 것입니다.

Work

스스로 세운 엄격한 잣대로 심하게 자책한 적이 있는지 떠올려보세요. 그것이 친구의 일이었다면 당신은 어떤 말을 건넸을까요?

나는 사랑받을 가치가 있다

자신에게 지나치게 엄격한 사람에게는 공통점이 있습니다. '언제나 턱없이 높은 이상을 꿈꾸거나 현재에 만족할 수 없어서, 또는 그저 자신이 너무 미워서' 자신의 가치를 전혀 인정하지 않는다는 점입니다.

'자신에게 너무 엄격하다'고 생각하는 사람들은 다음 질문에 대답해보세요.

Work

3분간 자신의 매력과 가치, 장점을 30개 찾아보세요.

몇 개나 찾았나요? 미처 30개를 채우지 못했다면 내 가치를 인정하지 못하는 상태'라는 인식이 필요합니다.

'나는 사랑받을 가치가 없다'고 믿는 감정을 '무가치감'이라고 합니다. 이 무가치감이 자신을 탓하게 만듭니다. 스스로에게 엄격한 사람들은 늘상 무가치감을 느끼는 것입니다.

무가치감에 빠지면 '사랑받을 가치가 없다'는 생각뿐만 아니라 '나는 매력도 재능도 장점도 없는 단점투성이다'라는 자기평가를 하기에 이릅니다.

'연애가 순조롭지 않은 이유는 내게 매력이 없기 때문', '친한 친구가 없는 것도 내가 장점이 없는 사람이기 때문'이라고 단정합니다. '이렇게 적은 월급을 받으며 일하는 것도 내게 재능이 없기 때문'이라고 굳게 믿습니다. 일이 원만하게 진행되지 않으면 '내 가치가 높지 않기 때문'이라고 여깁니다. '결과가 좋아도 자신의 성과라는 생각이 들지 않는 것' 또한 무가치감의 영향입니다.

무가치감에 사로잡히면 자신의 못난 부분밖에 보이지 않습니다. 심한 경우 '자신은 살아 있을 가치조차 없는 존재'라는 생각에 이릅니다. 늘 기분이 가라앉고 자신이 비참하고 보잘것없이 하찮은 존재로 느껴집니다. 어느 날 갑자기 자기가 사라져도 아무도 신경 쓰지 않을 것 같아 몹시 외로워집니다.

맹렬한 자기혐오가 소용돌이치는 세계를 만들어내는 것이 바로 무가치감입니다.

누구의 마음속에나 무가치감은 존재하지만 이런 믿음이 너무 강해지면 사랑을 받아들이지 못합니다. 칭찬받아도 순수하게 기뻐하지 못하고, 좋은 결과를 내도 '어쩌다 운이 좋아서'라고 생각할 뿐 기뻐하지 않습니다. 자기와는 전혀 상관없는 일로 다른 사람이 칭찬받는 모습을 보고도 '나는 아직 멀었다'며 혼자 의기소침해집니다.

반대로 무가치감이 자기과시로 이어지는 때도 있습니다. 가치 없는 사람이라며 자신을 방치하면 존재감을 잃고 다른 사람에게 잊혀지지 않을까, 버림받지 않을까 두려워서 오히려 자기과시 욕구가 강해지는 것입니다. 이때는 남들에게 자신의 매력을 지나치게 드러내려고 애씁니다.

자신에게 엄격한 사람은 누구보다 자신에게 높은 기준을 적용하므로 무가치감의 덫에 빠지기 쉽습니다.

나의 매력을 최대한 끌어내는 법

자신의 가치를 느끼지 못하는 무가치감을 떨쳐내려면 어떻게 해야 할까요? 당연히 '자신의 가치를 많이 발견해야' 합니다. 가장 단순하면서도 가장 효과적인 방법입니다.

저는 수업을 듣는 학생들에게 이런 과제를 내줍니다.

"자신의 가치, 매력, 장점, 재능을 100개 찾아보세요. 어떻게 찾아냈는지 방법도 알려주세요."

- <u>스스로</u> 찾는다.

- 여러 사람에게 물어본다. SNS 친구에게 물어본다.

- 예전에 들었던 말을 떠올려본다.

- 투영의 법칙을 활용한다. '타인에게 보이는 것은 모두 자기 마음에 있는 것'이라는 개념입니다. '당신 주변에는 어떤 매력을 가진 사람들이 있습니까?'라는 질문에 대한 대답은 곧 자신의 매력입니다.

- 단점을 장점으로 변환한다. 기업연수에서 널리 활용되는 방식입니다. 예를 들어 '제멋대로'라는 단점을 '자유로움', '자기 의견이 뚜렷하다', '자신을 소중히 할 줄 안다'는 장점으로 바꿔보는 방식입니다. '제멋대로인 사람의 좋은 점은 무엇일까?'와 같이 사고를 확장해갑니다.

자신의 매력과 장점을 찾는 과정 자체가 무가치감을 치유하는 시간이 됩니다. 그러므로 가능한 시간을 많이 들여 이 과제를 수행해보세요. 이것이 제가 학생들에게 100개 혹은 300개라는 숫자를 제시하는 이유입니다. '나의 매력은 무엇일까?'라고 생각해보는 시간이 길어질수록 이런 생각이 습관처럼 익숙해집니다.

그 밖에도 무가치감을 치유하는 다양한 방법이 있습니다. 구체적인 방법을 유형별로 다음과 같이 소개합니다.

지금 자신이 가진 것의 가치를 발견하기

자신이 가진 옷, 액세서리, 가전제품, 침대, 주방 도구 등을 하나하나 짚어보며 그 가치와 매력을 발견해나갑니다. 집 안에 있는 사물의 가치를 인식해보면 자신이 얼마나 가치 있는 것들에 둘러싸여 있는지 깨닫게 됩니다.

하루 한 가지 다른 사람을 행복하게 만들기

직접 무언가를 주지 않아도 모금함에 잔돈을 넣어도 좋고 선물이나 감사의 편지를 보내도 좋습니다. 다른 사람들이 기뻐하는 모습을 보면서 그런 기쁨을 선사한 자신의 가치를 느낄 수 있습니다.

매일 잠들기 전 누군가에게 감사하기

오늘 만난 누군가에게 감사하는 일은 마음에 해방감을 선사합니다. 단순히 기분이 좋아질 뿐만 아니라 자신의 존재 가치를 실감하게 됩니다. 특히 잠들기 전에 실천하면 효과가 더욱 뛰어납니다. 실제로 수면의 질이 높아지고 상쾌한 기분으로 아침을 맞이하게 되었다는 후기가 무척 많습니다.

| 칭찬 일기 쓰기

나 자신을 칭찬하는 일은 자기긍정감을 높이고 무가치감을 치유하는 데 직접적인 효과를 발휘합니다. 오늘 자신의 말과 행동을 칭찬합니다. 중간중간 부정적인 감정과 생각이 솟아올라도 그냥 흘려버립니다. 오늘의 나를 있는 힘껏 칭찬해주세요.

Work

나의 가치를 찾는 여러 가지 방법 중에 재미있어 보이거나 해보고 싶은 것을 한 가지 골라 꾸준히 실천해보세요. 습관이 될 정도로 계속해나가다 보면 몇 주 후에는 내 안에 확실한 변화가 느껴질 테니까요.

타인과 나 사이에 명확한 선을 그어라

자신에게 엄격한 기준을 가진 사람은 종종 타인의 장점을 끄집어내 자신과 비교하면서 스스로를 꾸짖습니다. 상대의 장점과 나의 단점을 견줘보는 것이죠.

'저 사람은 이렇게 좋은 점이 있는데 나는 전혀 그렇지 않다', '저 사람은 잘하는데 나는 잘하지 못한다'고 습관처럼 비교합니다.

이런 비교는 '타인 중심'의 사고에서 비롯됩니다. 이때는 의식적으로 사고의 흐름을 '자기중심'으로 돌려놓을 필요가 있습니다. '자기중심' 사고가 누구에게도 득이 되지 않는 자기 공격을 멈출 수 있습니다.

상대와 나 사이에 선을 긋는 이미지를 상상하면서 다음과 같은 주문을 외웁니다.

"나는 나, 남은 남."

"나는 나, 그 사람은 그 사람."

"나는 나, ○○씨는 ○○씨."

'또 동료 A와 나를 비교했다'면 '나는 나, A는 A'라고 몇 번이든 되뇌며 선을 긋는 이미지를 떠올립니다. 그러다 보면 어느 순간 마음이 차분해지고 편안해집니다. 내 안에서 남과 나의 비교를 멈췄다는 신호입니다.

타인과 나 사이에 선을 그었다면 '자기중심' 사고를 굳건하게 만들 단계입니다. 스스로 질문을 던지면서 상대에게 향했던 의식을 내게로 돌려놓습니다.

"나는 지금 무엇을 느끼고 있는가?"

"나는 지금 어떻게 하고 싶은가? 무엇을 원하는가?"

"나는 지금 어떻게 되고 싶은가?"

대답이 곧바로 떠오르지 않아도 괜찮습니다. 질문만으로도 '자기중심' 사고가 단단해집니다. 나에게 질문하는 것은 내 마음과 대화를 나누는 것입니다. 내 마음의 소리에 귀 기울이며 마음과의 관계를 되돌려보세요. 자기 마음과 사이좋은 사람은 편안함을 느낍니다.

마음이 어떤 대답을 하든 그대로 '수용'합니다. '그래, 그런 생각이 들지' 하고 받아들입니다. 마치 '사이좋은 친구의 이야기를 들어주듯이' 내 마음의 대답을 듣습니다.

나는 지금 무엇을 느끼는가?

주위 사람들에게 나보다 A가 더 좋은 평가를 받는다고 생각한다. 참담한 기분이다. 역시 난 형편없는 사람이라고 또다시 자신을 부정하고 있다.

'나는 참담한 기분으로 자신을 부정하고 있구나.'

나는 지금 어떻게 하고 싶은가? 무엇을 원하는가?

이제 A와 나를 비교하고 싶지 않다. 나도 제대로 평가받고 싶다. 나도 열심히 하고 있다.

'열심히 하는 만큼 제대로 평가받고 싶구나.'

나는 지금 어떻게 되고 싶은가?

나는 편안해지고 싶다. 다른 누군가와 비교하며 우울해하고 싶지 않다. 내 모습으로 나답게 살고 싶다.

'내 모습 그대로 편안하게 살고 싶구나.'

핵심은 '나'라는 주어를 명확히 의식하는 것입니다. 매우 중요한 부분으로, '타인 중심' 사고에서 벗어나지 못하면 주어가 금세 'A'로 바뀝니다.

긍정적인 기분이 들지 않아도 되고 애써 힘을 내는 표현을 찾지 않아도 괜찮습니다. 마음의 대답을 비판하지 말고 '그래, 그렇구나' 하고 가만히 들어주는 데 집중해보세요.

Work

'나는 나, ○○는 ○○'라고 말할 때 '○○'에 사람 이름을 넣고 선을 긋는 이미지를 떠올려보세요. 가까운 관계일수록 좋습니다. ○○에 돈, 회사 등을 넣어도 효과적이니 꼭 실천해보세요.

상처 주지 않는 관계를 만드는 법

자신에게 무척 엄격한 사람을 보면 가장 먼저 떠오르는 것이 죄책감입니다.

심리학에서는 일상에서 말하는 죄책감보다 조금 더 넓은 의미를 포함합니다. 일반적으로 누군가를 다치게 했을 때, 누군가에게 피해를 줬을 때, 누군가를 곤경에 빠뜨렸을 때 죄책감이 듭니다. 가해자의 심리를 말합니다. 그런데 사실 죄책감에는 여러 종류가 있습니다.

- 도와주고 싶었는데 도와주지 못했다. 도움이 되지 못했다.(무력감)

- 못 본 체했다. 그냥 지나치고 말았다.(아무것도 하지 않은 죄책감)
- 나만 이득을 얻어 미안하다.(혜택을 보았다는 죄책감)
- 나는 남에게 상처를 주는 존재이므로 사라지는 편이 낫다.(자신을 독으로 여기는 마음)

'나는 나쁜 사람이다. 그러니 벌을 받아 마땅하다'고 믿게 하며 자신의 행복을 부단히 방해하는 것이 바로 죄책감의 정체입니다. 마치 행복해지지 않으려고 노력하는 것만 같습니다.

잠재의식 속에 숨어 있는 죄책감은 나 자신을 벌하고 상처를 입힙니다. 행복한 순간이 와도 스스로를 망가뜨리게 만듭니다. 하지만 그것이 죄책감 때문이라고 생각하지 못합니다.

죄책감을 강하게 느끼는 사람일수록 자신을 엄하게 벌합니다. 늘 자신을 매섭게 다그칩니다. 자신은 죄인이므로 '즐거워해서는 안 되고 쉬어서도 안 된다. 노예처럼 계속 일해야 하고 자유로워서는 안 된다'고 생각합니다. 이런 믿음으로 끊임없이 나 자신을 괴롭히는 것이 죄책감입니다. 이 이야기가 마음 한 구석에 와 닿는다면 자신에게 엄격한 이유가 죄책감 때문인지도 모릅니다.

자신을 용서할 수 있다면 죄책감을 내려놓을 수 있습니다.

하지만 아무리 다른 사람이 '자신을 용서하세요'라고 권해도 당장은 그렇게 하기 어려울 것입니다. 오히려 나에게 더 벌을 줘야 해, 하고 생각할 정도입니다.

죄책감을 떨쳐내고 자신을 용서할 수 있는 방법으로 어떤 것이 있을까요? 죄책감을 다스리는 방법은 크게 2가지로 나뉩니다. '누구에 대해 죄책감을 느끼는지 알고 있는 경우'와 '원인을 모르는 죄책감'입니다. 원인을 모르는 것은 잠재적인 죄책감인 경우가 많습니다.

우선 대상이 명확한 경우는 가해자 심리 혹은 무력감, 아무 것도 하지 않은 것에 대한 죄책감입니다.

| '미안해요', '고마워요'라고 편지를 쓴다

저는 '부치지 않을 편지 쓰기'를 제안합니다. 죄책감을 느끼는 상대와 나 자신을 마주하는 데 무척 효과적인 방법입니다.

죄책감을 느끼는 상대에게 사과의 편지를 씁니다. 상대에게 보내지 않을 편지이므로 어떤 말을 해도 괜찮습니다. 마음에 떠다니는 말들을 잇달아 써 내려갑니다.

사과의 편지를 다 쓰고 나면 이어서 '감사의 편지'를 씁니다. 다만, 사과의 편지보다 감사의 편지를 쓸 때 심리적 부담이 훨씬 크기 때문에 사과의 편지를 쓰고 어느 정도 기분이 가벼워 졌을 때 감사의 편지를 쓰는 것이 좋습니다.

감사의 편지에도 어떤 말을 쓰든 얼마나 길게 쓰든 상관없습니다. 상대에 대한 고마움을 하나하나 적어 내려갑니다. '감사'는 '용서'입니다. 그러므로 감사의 말을 이어가는 동안 죄책감도 사그라듭니다.

사과의 편지와 감사의 편지를 일주일에 한 번씩 1~2개월 (4~8회) 지속하면 마음의 변화를 확실하게 느낄 수 있습니다. 충분한 에너지와 시간이 필요한 작업이므로 여유를 가지고 집중할 수 있는 휴일에 편지를 쓰는 것이 좋습니다.

어떤 사람은 부모님과 남편에 대한 죄책감을 떨쳐내고자 오사카 시내에 있는 호텔에 묵으며 1박 2일 동안 마음속에 있는 말들을 모조리 편지에 토해냈다고 합니다. 그러다 어느새 잠들었고 체크아웃할 무렵에는 신기할 정도로 마음이 가벼워져 세상이 다르게 보였다고 합니다.

그렇다면 죄책감의 원인을 모를 때는 어떻게 해야 할까요? 나만 이득을 봤다거나 자신은 남에게 상처 주는 존재라는 마음입니다.

손을 모아 기도한다

마음속 죄책감이 씻기는 이미지를 상상할 수 있도록 절, 교회, 성당 같은 장소라면 더욱 좋습니다. 특별한 장소를 찾아가지 않아도 그런 이미지를 느낄 수 있는 곳이면 됩니다.

그곳에서 두 손 모으고 자신의 죄책감을 신에게 바치는 이미지를 떠올립니다. 스스로는 어쩌지 못하는 죄책감을 신에게 맡기는 것입니다.

샤워할 때 마음이 정화된다고 상상하기

샤워하는 동안 따뜻한 물에 마음의 죄책감이 씻겨 내려가는 이미지를 상상합니다. 매일 씻을 때마다 죄책감이 나에게서 떨어져 나가 배수구로 흘러가는 장면을 상상하면 잠재의식 속에 숨어 있는 죄책감이 사그라듭니다. 여러 번 반복하다 보면 마음이 편안해지면서 주위 사람들에게 '표정이 밝아졌다'는 이야기를 듣게 될 것입니다.

하루 한 통 감사의 편지 쓰기

다시 감사의 편지입니다. 자신이 신세 진 사람, 자신과 관련 있는 사람, 자신을 예뻐해준 사람 등 문득 떠오른 사람에게 감사의 편지를 씁니다. 같은 사람에게 여러 번 써도 상관없습니다.

여기서도 '감사'는 '용서'입니다. 하루 한 통 감사의 편지를 써 나가면 마음이 한결 가벼워지고 밝아집니다. 실제로 해보니 심적 긴장이 줄고 어깨 결림이라는 신체적 불편함까지 사라졌다고 하는 사람도 있습니다.

감사의 편지는 부치지 않겠지만 정말 보낸다는 마음으로 쓰면 더욱 효과적입니다. 실제로 상대에게 편지를 전해줘도 좋습니다. 직접 만나서 건네기 부담스럽다면 우편으로 보내보세요. 무엇이든 인터넷으로 하는 요즘 시대에 직접 쓴 손편지는 진심을 전할 수 있어서 더 나은 관계를 구축하는 데 도움이 됩니다.

Work

지금도 잘 지내지만 더 좋은 관계를 맺고 싶은 사람을 떠올리며 감사의 편지를 써보세요. 죄책감을 느끼는 상대가 아니어도 좋습니다.

'지금의 나'로 충분하다

지금 자신의 모습 그대로 받아들이는 것은 자기긍정감을 높이는 일이자 자신을 옭아맨 긴장을 느슨하게 풀어주는 일입니다.

예를 들어 남에게는 쉽지만 내게는 어려운 일이 있을 때 스스로에게 어떤 태도를 보이나요?

그저 자신을 호되게 꾸짖느라 여념이 없을지도 모릅니다. 하지만 그럴 때는 의식적으로 '어쩔 수 없지. 그게 나인걸' 하고 말해보세요.

오늘은 정말 연인에게 짜증 내지 않고 다정하게 대해야겠다고 다짐했는데 상대의 무심한 태도에 불쑥 화를 내고 말았다면 당신은 어떤 기분으로 어떤 생각을 할까요?

그럴 때는 '그게 나인걸. 어쩔 수 없지'라고 말해보세요. '금방 짜증을 내는 것도 나, 오늘 상대방의 태도에 화낸 것도 나. 나는 그런 사람이니 어쩔 수 없지' 하고 나 자신에게 말해줍니다.

"괜찮아? 업무량이 너무 많아서 힘들지 않아?"라는 주변의 걱정에 무심코 강한 척하며 "괜찮고말고. 충분히 할 수 있어"라고 대답해버린 후에 "도저히 안 되겠는데. 도와달라고 할걸 그랬어"라고 후회한 적이 있나요? 그럴 때도 '이게 나인걸. 어쩔 수 없지'라고 스스로에게 말합니다.

남과 나를 비교하지 말아야지 하면서도 무심결에 친구와 자신을 비교하고 의기소침해질 수도 있습니다. 그때도 '어쩔 수 없지. 그게 지금의 나니까'라고 용서해주세요.

'오늘은 꼭 원고를 많이 써야지!'라고 다짐했는데 유튜브를 보느라 원고는 한 글자도 쓰지 못한 날, 지금까지의 당신이라면 어떻게 했을까요?

'괜히 시간만 낭비했다'며 씁쓸한 기분이 들지도 모릅니다. 그럴 때 '어쩔 수 없지. 그게 지금의 나니까'라고 받아들입니다.

어떤 상황에서든 '어쩔 수 없지. 그게 지금의 나니까'라고 지금의 내 모습 그대로 받아들이고 자신을 용서하는 것입니다.

때로는 당당하고 뻔뻔하게

자신에게 엄격한 사람은 이런 의문을 가질지도 모릅니다.

'나에게 너무 관대하지 않나?'
'너무 뻔뻔한 것도 썩 좋아 보이지는 않아.'
'내가 잘못해놓고 그렇게 얼버무리는 것은 더 못난 행동이야.'
'건방지다고 남들한테 미움받지 않을까?'

이런 생각이 든다면 '자신에게 너무 엄격하다는 증거'입니다.

'어리광을 부리면 안 된다'고 줄곧 믿어왔습니다.
'성장하려면 자신에게 엄격해야 한다'고 믿어왔습니다.
'솔직하고 뻔뻔한 태도는 좋지 않다'고 믿어왔습니다.
'자신에게 엄격하지 않으면 형편없는 사람이 되고 만다'고 믿어왔습니다.

하지만 '어쩔 수 없지. 그게 지금의 나니까'라는 말은 지금의 나를 받아들이는 자세입니다. '지금의 나'를 적극적으로 이해하기 위한 행동입니다. '지금의 나'에 대한 부정은 '지금 내가 있는 자리'에 대한 부정입니다.

도쿄에서 강연이 있는 날 아침 9시 오사카에 있는 집에서 눈을 떴다고 가정해보겠습니다. 분명 '늦잠 잤네. 어쩌지. 지각하겠다' 하고 허둥대겠지요. 그때 '아니야. 여기는 오사카가 아니야. 도쿄에 있는 호텔이야'라고 현실을 부정한다면 어떻게 될까요? '대체 왜 늦잠을 잔 거야! 알람은 제대로 맞춘 거야?'라고 자신을 탓하면 어떻게 될까요? 현실을 받아들이고 싶지 않아도 실제로 몸은 오사카에 있고 늦잠을 잤습니다. 이 사실을 인정하지 않으면 결국 많은 참가자들에게 피해를 줍니다.

오사카의 집에서 아침 9시에 일어나도 초특급으로 준비하고 신칸센에 뛰어오르면 이른 오후에는 강연이 열리는 도쿄에 도착할 수 있습니다. 나 홀로 반성할 시간에 서둘러 외출 준비를 하는 것이 현명합니다.

자기긍정감이 중요한 이유는 '지금 자신이 있는 곳(현재 위치)'을 파악하고 받아들이는 일과 긴밀히 연결되어 있기 때문입니다.

현재 자신의 위치를 정확히 파악해야 목적지까지 최적의 경로를 찾고 어떻게 행동할지를 결정할 수 있습니다.

'다른 사람에게는 쉬운 일이 지금 내게는 어렵다'는 생각 그 자체를 있는 그대로 받아들이면 '그럼 나는 이제부터 어떻게 해야 할까?'라는 목적지를 설정할 수 있습니다. 그럼 목적지를 향해 출발할 수 있는 상태가 됩니다. '나는 잘하지 못한다'는 생각이 들 때는 '잘하게 된다'는 목적지를 설정합니다. '못한다는 지금의 현실을 받아들이고 잘하는 사람이 된다'는 목표를 세워도 좋습니다.

'어쩔 수 없지. 그게 지금의 나니까'라고 우선 지금의 나를 받아들이세요. 그러면 '이제 어떻게 할까? 어디를 향해 나갈까?' 하고 다음 행동을 선택할 수 있습니다.

Work

자신의 결점이 무엇인지 생각해보고 그 결점에 대해 '어쩔 수 없지. 그게 지금의 나니까'라고 인정해주세요.

마음의
틈을 만들어
행복을 채운다

나를 사랑하게 되는
순간

긍정적 포기

지금까지 자신의 단점을 고치려고 노력해서 실제로 성공한 적이 있습니까? 아주 최근까지도 자신의 단점을 고치고 말겠다고 다짐했는지도 모릅니다. 그 다짐이 얼마나 진행되었나요?

실제로 단점은 대부분 고쳐지지 않습니다. 어른이 된 후에는 더욱 그렇습니다.

잘 정리하지 않는 습관을 고치기 위해 '물건을 꺼내면 꼭 제자리에 갖다 놓기'라고 마음먹고 벽에 써 붙여놓기도 합니다. 하지만 며칠이 지나면 그 종이조차 보기 싫어집니다.

'약속 시간에 늦는 습관을 고치지 않으면 사람들이 싫어할 거야'라고 생각하며 시간을 정확히 지키려고 노력해봐도 어째서

인지 또 지각하게 됩니다. 그러면 '오늘은 정말 제시간에 오려고 했는데'라며 자신이 한층 더 못마땅합니다.

업무 중 사소한 실수가 잦아서 서류를 꼼꼼하게 확인하는 습관을 들이려고 합니다. 그런데 자꾸만 잊어버리고 결국 상사에게 따끔하게 혼이 났습니다. 이런 나 자신이 너무 싫어서 견딜 수가 없습니다.

감정 기복이 심한 편이라 다른 사람을 더 온화하게 대해야겠다고 결심하지만 사소한 일에 화를 내고 맙니다. 그러고 나면 '난 정말 형편없는 사람'이라는 한심한 기분이 몰려옵니다.

자신에게 엄격한 사람은 단점이라고 여기는 부분을 무서운 교관처럼 매섭게 지적하며 개선하라고 요구합니다. 하지만 이런 방식은 되레 역효과를 부릅니다. 자신의 단점에만 정신을 빼앗기면 자기가 가진 장점이 전혀 보이지 않기 때문입니다.

단점을 애써 고치지 마라

자신의 단점만을 보면서 '정말 나는 아무 장점도 없는 사람'이라는 그릇된 믿음을 가집니다.

그런데 우리는 자신의 단점이라고 생각하는 일을 일부러 하지는 않습니다. 어느새 방이 어질러져 있고, 나도 모르게 약속 시간을 넘기고, 나름대로 잘한다고 해도 실수가 생기고, 잘 지내고 싶은데 불쑥 화를 내고 맙니다.

어쩔 수 없습니다. 단점은 고쳐지지 않습니다.

그렇다면 단점 고치기를 아예 포기하면 어떨까요?

자기긍정감을 높이는 방법의 하나로 '긍정적 포기'를 권합니다.

자신에게 엄격한 사람은 'ㅇㅇ해야 한다'라는 관념이 강하거나, 턱없이 높은 이상을 좇거나, '남들은 잘났는데'라며 자신과 비교하거나, 단점 없는 완벽한 사람이 되려 할 때가 많습니다.

긍정적 포기는 몸의 긴장을 풀고 자신의 모습 그대로 살아갈 수 있도록 '있는 그대로의 나를 받아들이자'는 의미입니다.

포기해야 할 것은 단점만이 아닙니다.

고집 부리기, 다른 사람과의 경쟁, 지나친 노력 등 다양한 방면에서 포기는 효과를 발휘합니다. '할 수 없는 일을 하려는 노력을 포기'하는 것입니다. '포기하기'는 스스로 짊어진 어깨의 짐을 내려놓는 데 유용한 방법입니다.

여기서 핵심은 '힘들다, 하고 싶지 않다, 싫다, 할 수 없다'는 마음의 소리를 따르는 것입니다.

물론 하고 싶은 일, 좋아하는 일, 긍정적인 마음으로 노력하고 싶은 일이라면 포기할 필요 없습니다. 하지만 마음이 하고 싶지 않다고 외치는 일이라면 과감하게 포기합니다. 긍정적 포기는 자기 마음에 솔직해지고 자신에게 상냥해지는 방법입니다.

'그렇게 무리해가면서까지 노력할 필요 있을까? 그렇다면 포기해도 되지 않을까? 어차피 하고 싶지 않은 일이니까'라고 나 자신에게 자연스럽게 말할 수 있다면 얼마나 좋을까요?

Work

일상에서 한 가지를 포기한다면 무엇일까요?

집중력은 느긋함에서 나온다

"정말 열심히 일하시네요"라고 말하면 "아니요. 전혀 바쁘지 않아요. 야근이나 휴일 출근도 거의 없고 재택근무도 자유롭거든요"라며 민망한 표정을 짓는 사람이 있었습니다.

저는 "머릿속이 참 바쁘다는 뜻입니다"라고 덧붙이며 말을 이어갔습니다.

"실제 근무시간은 짧을지 몰라도 언제나 머릿속은 바쁘게 일하니까요. 퇴근하고 집에 와서도 나 홀로 반성 시간을 가지고 집안일도 완벽하게 해내려고 하니 마음이 쉴 틈이 없지 않은가요?"

그러자 고개를 끄덕이며 "듣고 보니 늘 무언가 생각하고 있네요. '이거 해야 하는데, 저거 해야 하는데' 하고요. 늘 해야 할 일에 쫓기고 있어요"라고 말합니다.

자신에게 엄격한 사람은 실제로 행동하는지 안 하는지와는 별개로 늘 무언가를 생각하느라 머릿속이 바쁜 상태입니다.

'우선 이것을 해야 해. 그다음에는 저것을 하고, 그런 다음에는 그것을 하고……'라는 생각이 끊이지 않습니다.

'지금의 나는 형편없어. 더 열심히 해야 해', '이것을 못 했네. 저것을 못 했네'라고 언제나 스스로 반성하느라 머릿속은 쉴 틈이 없습니다.

아침부터 밤까지 실제로 일하지 않더라도 늘 머릿속으로 무언가를 생각한다면 끊임없이 일하는 것이나 마찬가지입니다.

'바쁘다'를 뜻하는 한자 '망(忙)'은 '마음(心)을 잃어버리다(亡)'라고 풀이할 수 있습니다. 바쁠 때 우리는 마음을 돌아보거나 마음과 대화하며 위로하고 보듬어줄 수 없습니다. 마음을 쉬게 하지 못합니다.

언제나 머릿속 생각의 지배를 받으면 우리는 자연스레 마음을 잃어버립니다. 자신에게 엄격한 사람은 자신을 철저히 감시하며 통제하려고 하기에 자기도 모르게 마음을 잃어버리기 쉽습니다. 게다가 그 상태가 오랜 기간 지속되면 스스로 알아채기가 어렵습니다.

속도 조절을 잘하는 사람은 온종일 일하면서도 쉴 때는 쉬면서 힘들어하지 않습니다. 이런 경우 일에 대한 만족도와 성취감도 높습니다. '바쁘다'는 상태는 물리적인 업무량과 시간이 아니라 머릿속 상황에 따라 결정됩니다.

늘 머릿속이 바쁜 당신에게 '게으름뱅이 되기'를 권합니다. 게으름을 피우고 대충대충 해보기도 하며 가끔은 일부러 불성실하게 행동해봅니다. 과감하게 '뻔뻔함'을 나 자신에게 허락합니다.

자신에게 엄격하여 머릿속이 분주한 사람은 무언가를 대충하기가 어렵습니다. '느긋하게 있고 싶다', '푹 쉬고 싶다', '나 자신을 소중히 하고 싶다'는 생각은 하지만 실천으로 이어지지 않습니다. 쉬려고 소파에 앉아서 차를 마셔도 어느새 회사 일을 생각합니다.

생각을 멈춰야 생각할 수 있다

누구보다 자신에게 엄격하므로 늘 완벽하게 해내고 싶고 주위 사람들에게 폐를 끼치고 싶지 않습니다. 이런 생각이 자신을 언제나 긴장 상태로 만들고 가슴을 갑갑하게 옥죄입니다.

그럴 때 효과적인 방법이 있습니다.

- 내일 해도 되는 일은 내일로 미룬다.
- 다른 사람에게 부탁해도 되는 일은 과감히 부탁한다.
- 하루 30분 정도 일부러 게으름을 피운다.
- 나에게 선물하는 날을 정해 맛있는 디저트나 술을 즐긴다.
- 게으름 피우는 날을 정해 아침부터 케이크를 먹거나 와인을 마신다.
- 일주일에 한 번은 무슨 일이 있어도 정시에 퇴근한다.
- 재택근무 중 급히 처리해야 할 일이 없을 때는 낮잠을 자거나 산책하거나 한낮에 거리를 걸어본다.
- 일주일에 하루 부모 역할에서도 벗어나 온전히 쉬어본다.

일부러 불성실하게 굴거나 게으름을 피우라니 자칫 이상하게 들릴지도 모릅니다. 그러나 의도적으로 하지 않으면 자신에게 너그러워질 수 없습니다.

자신에게 엄격한 사람은 게을리한 자신을 나중에 가차 없이 몰아붙이기 마련입니다. 자신의 의지로 게으름을 피우겠다고 결정한 일이라는 것이 핵심입니다. '오늘은 게을러지는 날로 정한다', '이번 주 목요일은 엄마로서 쉬는 날이다'라는 식입니다.

자기 의지로 정한 일인 만큼 자신을 향한 질책의 칼날이 무뎌집니다. 마음이 한결 편안해지는 그 감각을 직접 느껴보세요.

일상의 피로와 스트레스 때문에 '아무것도 하지 않고 뒹굴뒹굴하며 휴일을 보내고 말았다'고 자책하는 사람은 '오늘은 마음껏 빈둥빈둥하는 날!'이라고 정해봅니다.

정기적으로 이런 날을 만들면 효과가 더욱 뛰어납니다. 예를 들어 목요일마다 게으름뱅이가 되기로 정했다면 '목요일까지는 힘내야지'라는 생각이 들면서 일상에 여유가 생깁니다.

목요일 하루를 일부러 느슨하게 보내면 다른 날도 자신을 소중히 하며 일하는 자세가 점차 익숙해집니다.

다만 가족과 함께 사는 사람들은 게으름뱅이의 날을 정하기가 녹록하지 않습니다. 그렇더라도 궁극적으로는 자신과 가족을 위한다는 마음으로 강행하는 용기가 필요합니다. 그래도 마음이 불편하다면 반나절 혹은 몇 시간만이라도 게으름뱅이가 되어보세요. 자신을 책망하는 일이 훨씬 줄어들 것입니다.

게으름뱅이가 되기를 반복하면 머릿속이 점점 여유로워지는 기분을 느낄 수 있을 것입니다.

Work

매주 하루는 '게으름뱅이 되는 날'로 정하고 그날은 아무것도 하지 않고 쉬어봅니다. 그날 하루를 어떻게 보낼지 스스로 정해보세요.

내 마음이 즐거운 일을 하라

하루를 돌아보고 '기뻤던 일'을 떠올려보세요. 몇 가지 정도 생각나시나요? 오늘 하루를 찬찬히 되짚어봅니다. 어제여도 좋습니다.

'딱히 생각나는 일이 없는데'라고 말하는 사람은 지나치게 열심히 사느라 마음의 소리를 무시하고 있는지도 모릅니다.

자신에게 엄격해서 의무감에 사로잡히거나 '타인 중심'으로 살아가는 사람은 자기 마음을 들여다볼 여유도 없이 다른 사람이 어떻게 생각하는지만 신경 씁니다.

'싫어, 정말 하고 싶지 않아'라는 마음의 소리를 무시하거나 '그래도 해야 해'라고 윽박지르기 일쑤입니다.

그럴 때는 무언가를 하기 전에 '내 마음이 즐거운지?' 확인하는 습관을 들여보세요.

마음이 즐거운 일인가?
기분 좋은 일인가?
정말 하고 싶은 일인가?

내 마음에 물어봅니다.

스스로에게 엄격한 사람의 일상에는 '마음이 즐거운 일, 기분 좋은 일, 정말 하고 싶은 일'이 그리 많지 않습니다. 그런 사람일수록 '해야 하는 일'이 더 많은 법이니까요.

그렇다고 느닷없이 좋아하는 일, 기분 좋은 일만 하라는 의미가 아닙니다.

'마음이 즐거운 일인가?'

'전혀 아니다. 즐겁기는커녕 하기 싫은 일이다.'

이렇듯 자신의 마음을 확인하는 것입니다.

자신의 마음을 명확하게 인식하는 습관을 들여보세요. 이 또한 마음과의 대화입니다.

마음과 대화 나누는 습관

자신에게 엄격한 사람은 이 질문을 스스로 던짐으로써 자신이 얼마나 마음이 괴로운 일만 하고 있는지, 마음이 즐겁지 않은 일을 하는지를 깨닫게 됩니다.

이때의 깨달음이 무엇보다 중요합니다. 문제의식을 가지고 해결책을 찾아야 한다는 생각으로 이어지기 때문입니다.

그러면 지금까지는 아무 생각 없이 해왔더라도 '마음이 싫어하는 일'을 하는 것이 점점 고통스러워집니다.

인간에게는 고통을 피하려는 본능이 있습니다. 마음이 힘들어하는 일만 하기 싫다는 생각이 들수록 좋아하는 일, 즐거운 일을 해야겠다는 생각과 '고통스러운 일은 하지 않겠다'는 자세가 생겨납니다.

'마음이 즐거운 일인가?'라는 질문만으로도 충분히 변화를 느낄 수 있습니다.

다만 '정말 내 얘기다. 난 마음이 즐거워하지 않는 일만 하고 있네'라는 단순한 공감으로 그치지 않기를 바랍니다. 머리로만 이해해서는 아무것도 달라지지 않습니다. '머리로는 아는데'라는 말로 끝나버립니다. 직접 마음에 질문을 던져보고 자기 마음을 들여다보기 바랍니다.

매 순간 '마음이 즐거운 일인가?'라고 묻는 일은 말처럼 쉽지 않습니다. 그저 습관적으로 '마음이 즐겁지 않은 일'을 하기 때문입니다.

그러므로 우선 하루를 되돌아보는 것부터 시작해 생각이 났을 때마다 마음을 들여다보세요. 중요한 것은 직접 행동하고 느껴보는 것입니다. 그래야만 커다란 변화가 시작됩니다.

Work

하루를 돌아보고 즐거운 마음으로 했던 일, 그렇지 않았던 일을 쭉 한번 적어보세요.

해야 할 일을 줄이는 법

'마음이 즐거운 일인가?'

이 질문에 익숙해졌다면 다음은 구체적인 행동을 바꾸는 질문입니다.

'정말 꼭 해야 하는 일인가?'

해야 하는 일이라고 믿을 뿐 정말 꼭 해야 하는 일이 아닌 경우가 꽤 많습니다.

자신의 하루 일정을 꼼꼼히 적어보고 할 일을 시각화해보면 이런 부분이 있음을 실감하게 됩니다. 반드시 해야 하는 일 중에도 다른 사람에게 부탁하거나 날짜를 변경하면 되는 일들도 적지 않습니다.

나의 하루를 단순하게 만들면 삶에 여유가 생깁니다. 하루 동안 할 일을 자세히 적어보면서 어떤 감각이 드는지 직접 느껴보세요.

코로나19로 재택근무가 일반화된 후 하루 일정이 엉망진창이 되면서 일이 전혀 손에 잡히지 않는다고 고민을 털어놓은 사람이 있었습니다. 원래 능력이 뛰어나 상당한 업무량을 거뜬히 처리했는데, 좀처럼 일이 진행되지 않는다는 것입니다.

나는 매일 아침 하루 일과표를 상세히 작성해보라고 권했습니다. 일과표에는 구체적인 업무 내용(기획서 작성, 회의, 사무 처리 등)뿐만 아니라 점심 식사, 휴식, 장보기, 빨래와 같은 개인적인 일도 함께 적었습니다.

꼼꼼히 하루 일정을 적는 동안 한 가지 사실을 깨닫게 되었습니다. 내가 하지 않아도 되는 일, 꼭 오늘이 아니어도 되는 일, 그렇게까지 급하지 않은 일까지 일정에 들어 있다는 점입니다.

그동안 왜 하지 않아도 될 일까지 애써 끌어안고 살았는지 모르겠다는 생각이 들었다고 합니다. 정말 해야 할 일만 적어보니 일정표에 구멍이 숭숭 뚫려 허탈할 정도였고 실제로 듬성듬성 적힌 일정대로 하루를 보내도 아무 문제 없다는 것을 알게 되었다고 합니다.

꼭 해야 할 일이란 없다

집안일, 육아, 아르바이트로 바쁜 나날을 보내던 전업주부는 온종일 무언가를 하다가 정신을 차려보면 하루가 끝난다고 합니다. 늘 이것 해야지, 저것 해야지, 다음엔 이것도 하고, 아차, 저걸 안 했네 하고 정신없이 하루를 보냈습니다.

그러다 코로나19로 가족들이 집에 있는 시간이 늘어나 그전보다 더욱 바빠지자 남편과 아이에게 화풀이하는 일이 많아졌다고 합니다.

그녀에게 하루 일정을 상세히 적어보게 하고 하나하나 짚어보며 '정말로 꼭 해야 하는 일인가?'라고 물었습니다.

그녀는 가정을 꾸리는 사람으로서 모든 일을 '해야 하는 일'로 받아들이고 있었습니다. 그러나 객관적으로 바라보자 모든 일들이 꼭 그런 것만은 아니었습니다.

"판단하기가 어렵네요. 잘 생각해보면 이 일은 꼭 해야 하는 일이라기보다 해야 한다고 스스로 믿고 있었던 것 같아요."

그중 하나는 아이를 학원에 데려다주는 것이었습니다. 집에서 학원이 매우 가까운 데다 같은 아파트에 사는 친구와 함께 다니고 있었습니다. 아이는 초등학교 4학년으로 부모가 데려

다주지 않아도 충분히 혼자 다닐 수 있는 나이였습니다.

그녀는 자신의 일정표를 보면서 "내가 일부러 나를 바쁘게 만드는 느낌이네요"라는 감상을 전했습니다.

그렇지만 일상에서도 '반드시 해야 하는 일'이 있습니다. 쓰레기 수거일에 쓰레기를 내놓지 않으면 온 집 안이 쓰레기로 가득 차게 됩니다. 하고 싶지 않아도 밥을 하지 않으면 아이들이 배를 곯겠지요.

회사든 집이든 도저히 즐겁지 않고 하기 싫지만 해야만 하는 일이 잔뜩 있습니다. 평소에는 즐겁게 하는데, 오늘은 도무지 그럴 기분이 안 나는 날도 있습니다.

그럴 때는 어떻게 하면 좋을까요? 3가지 방법이 있습니다.

- '오늘은 하고 싶지 않으니까 하지 않는다'고 선언하고 안 하기
- 하고 싶지 않은 일을 즐길 수 있도록 게임처럼 만들기
- 하고 싶지 않은 일을 함으로써 자기긍정감 높이기

하고 싶지 않은 일은 하지 않는다고 선언하는 것은 '게으름뱅이 되기'('집중력은 느긋함에서 나온다', 160쪽 참고)에서 살펴보았습니다.

두 번째 방법으로 하기 싫은 일을 게임처럼 만드는 것은 놀면서 해버리는 접근법입니다. 가장 간단한 방법은 시간제한입니다.

예를 들어 '몇 분 안에 설거지를 다 하면 2점 획득'이라거나 '오전 중에 서류 작성을 마치면 점심에는 맛있는 음식을 배달해 먹어야지' 같은 방식입니다.

특히 날마다 하는 작업이라면 그 결과를 기록해두고 '신기록 달성'의 성취감을 즐길 수도 있습니다. '일정의 시각화'를 응용해 '해야 할 일 목록'을 적어보면 하고 싶지 않은 일에도 의욕을 낼 수 있습니다.

아침에 일어나자마자 오늘 할 일 목록을 화이트보드에 적어놓고 하나하나 지워나가면서 일하다 보면 진행 상황이 한눈에 들어와 일할 의욕이 생깁니다.

세 번째 방법은 하기 싫은 일을 해서 자기긍정감을 높이는 것입니다. 저는 기본적으로 '해야 하는 일'은 '하지 않아도 되는 일'이라고 여깁니다.

'해야 한다'는 생각에는 이미 '하고 싶지 않은 일'이라는 전제가 깔려 있습니다. 해야 한다는 생각만 해도 스트레스가 쌓입니다. 실제로 그 일을 하는 동안 스트레스는 한층 더 커집니다.

해야 하는 일이라고 생각하는 순간 마음에 엄청난 부담감이 밀려옵니다. 그러니 기본적으로 하지 않아도 되는 일입니다.

그렇지만 부탁할 사람도 없어서 반드시 내가 해야 하는 일, 오늘 안에 꼭 해야 하는 일이 있다면 생각을 바꿔봅니다.

'사실은 하지 않아도 되는 일을 하는 나, 정말 기특하다'고 스스로 한껏 칭찬해주세요.

'해야 할 일을 하는 나 자신을 칭찬하기'를 의식적으로 실천하면 자기긍정감이 올라갑니다. '하고 싶지 않은 일은 자기긍정감을 높일 기회'로 바꿔서 생각하면 마음이 한결 편안해지지 않을까요?

Work

오늘 하루 일정을 적어보고 '하지 않아도 되는 일'을 지우고 '꼭 해야 하는 일'은 자기긍정감을 높이는 기회로 바꿔서 그 일을 한 자신을 한껏 칭찬해보세요.

나만의 속도로 달려라

영업이나 기획 일을 하는 사람들이 공통적으로 하는 이야기가 있습니다. 큰 계약을 성사시키거나 좋은 기획을 구상할 때 상대가 아니라 자신의 기분을 우선적으로 생각해야 도움이 된다는 것입니다. 또 자신을 몰아붙이며 온종일 일만 하는 성실함도 좋지만 쉴 때는 쉬고 할 때는 하는 사람이 더 좋은 성과를 올립니다.

실제로 정상에 오른 사람들을 보면 쉴 새 없이 달리기만 하는 것이 아니라 적절히 힘 조절을 하면서 자기만의 속도로 일합니다. 이런 사람들은 쉬지 않고 일하는 사람들보다 더 즐겁고 행복해 보입니다.

스스로에게 엄격한 사람, 특히 주부들에게 종종 이런 말을 건넵니다.

"깨끗하고 예쁜 집에서 몸에 좋은 식재료로 만든 근사한 요리를 먹는 것도 좋지요. 그렇지만 엄마가 기분 좋게 웃는 집에서 아이는 더 건강하게 큽니다. 남편분도 분명 그런 집에서 더 행복할 거예요."

이 말에 공감한다면 어떤 일이든 우선 자기가 기분 좋을 때 시작해보세요.

회사 업무와 집안일을 얼마나 기분 좋게 할지는 내가 정하는 것입니다. '내 기분은 내가 정한다'는 마음 습관이 필요합니다.

기분을 다스리는 나만의 방법

기분을 다스리는 방법을 자유롭게 적어보라고 하면 당신은 몇 개나 적을 수 있나요?

아이스크림을 먹는다, 일단 잔다, 친구와 카페에서 수다를 떤다, 단골집에서 술을 마신다, SNS에 속마음을 털어놓는다, 자연을 바라보며 심호흡한다 등 어떤 방법이든 상관없습니다. 늘 똑같은 방법으로는 효과를 볼 수 없으니 많을수록 좋습니다.

저는 글을 쓸 때 집중력이 떨어지면 그 상태로 머리를 쥐어짜기보다는 일단 자리에서 일어나 기분 전환을 합니다.

즐겨 마시는 커피나 그때그때 마음에 드는 차를 마시기도 하고, 소파에 드러눕기도 하고, 베란다로 나가 바람을 쐬기도 하고, 밥때가 가까워오면 요리를 하기도 하고, 집 주변을 산책하기도 합니다.

음악을 틀어놓고 글을 쓸 때도 많습니다. 좋아하는 음악은 의욕을 높여줍니다.

자신에게 엄격한 사람은 '이렇게 해야만 해', '이렇게 해서는 안 돼'라는 규칙을 잔뜩 안고 살아갑니다. 늘 자신이 만든 규칙에 얽매여 있기 때문에 의욕이 떨어졌을 때도 그저 자신을 채찍질하며 힘을 내려 합니다. 하지만 오히려 업무의 질이 떨어질 뿐입니다.

자신을 채찍질하기보다는 기분을 끌어올리는 다양한 방법을 알아두었다가 일상생활에서 부담 없이 실천해보기를 바랍니다.

'내가 어떻게 하면 기분이 좋아질까?' 꼭 한 번 생각해보고 대답을 찾아보세요. 그 대답을 실천함으로써 나를 기쁘고 즐겁게 만드는 감각을 직접 느껴보시기 바랍니다.

Question

지금 당신의 기분은 어떤가요? 당신이 어떻게 해야 기분이 좋아

질까요?

몸이 느슨할수록 마음은 강해진다

자신에게 엄격한 사람은 늘 긴장 상태에 있는 것을 당연하게 여깁니다. 스스로에게 상냥해지려고 결심해봐도 생각처럼 되지 않습니다.

그럴 때는 반대로 긴장을 더 끌어올려 그 반동으로 마음을 느슨하게 풀어주는 방법이 있습니다. 몸의 근육처럼 힘을 꽉 주었다가 한 번에 쭉 빼면서 이전보다 더 이완된 상태로 만드는 것입니다. 이를 마음에 적용하는 몇 가지 방법이 있습니다.

| 시간 목표 세우기

'기획안을 5분 안에 완료한다', '3분 안에 설거지를 끝낸다',

'10분 안에 5명에게 메일을 보낸다'와 같이 해야 할 일에 시간제한을 두는 것입니다. 이것은 '1분 안에 팔굽혀펴기를 몇 번 할 수 있을까?'처럼 몸을 움직이는 일에도 효과적인 방법입니다.

| 자신을 더 강하게 압박하기

자신에게 엄격한 사람에게는 쉬운 방법일 것입니다. 초조해지고 압박을 느낄 만한 말을 일부러 자신에게 건넵니다.

한두 번이 아니라 열 번이고 스무 번이고 과할 정도로 자신을 몰아세웁니다.

'오늘 중으로 이 일을 끝내지 않으면 큰일 날 거야', '지금 다들 나를 주목하고 있어'라며 나 자신에게 말합니다.

오히려 역효과가 나지 않을까 우려스러울지도 모릅니다. 그러나 '일부러 하는 말'이라는 것을 알고 있으므로 지나친 압박은 도리어 긴장을 완화합니다.

원래 자신에게 엄격한 사람은 자신에게 압박을 가하는 말을 '무의식적'으로 내뱉기 때문에 이 방법이 효과적인 것입니다.

'그 정도로 나 자신을 몰아붙이지 않아도 괜찮아'라는 마음의 소리가 들려옵니다. 자신에 대한 압박이 강할수록 마음이 느슨해질 때의 해방감도 더 커집니다.

| '지금 바로' 하기

무척 효과가 뛰어나 자주 권하는 방법입니다. 지금의 상황이 버거워서 마음에 여유가 없고 한계에 다다르기 직전에 있는 사람에게 '지금 바로 할 수 있는 일'을 실천하라고 제안합니다.

"상담이 끝나면 다시 회사에 들어가지 말고 곧장 바다를 보러 가세요."

"오늘은 자기 집이 아니라 부모님 집으로 가세요. 여기서 나가면 바로 신칸센을 타세요."

"지금 바로 아버지에게 감사한 마음을 전하세요. 지금 바로 휴대폰을 꺼내세요."

"가는 길에 백화점에 들러서 '옷 좀 골라주세요' 하고 직원에게 부탁해보세요."

물론 모든 사람에게 이런 식으로 압력을 가하지는 않습니다. 다만, 상담을 받고 의욕이 가득 차오른 '지금'이 자신을 바꿀 절호의 기회임은 분명합니다.

언뜻 극단적인 요구처럼 보이지만 대부분 '머릿속으로는 어렴풋이 생각해보았지만 좀처럼 행동으로 옮길 계기가 없었던 일'입니다.

'일단 해보면 좋겠다고 생각은 했지만 행동하기 힘들었던 일'
이 있지 않나요?

물론 커다란 도전이 아니어도 좋습니다.

'예전부터 옷장 정리를 하고 싶었는데…… 언제 하지? 지금
바로!'

일부러 자신을 강하게 압박해 행동을 촉진함으로써 옷장 정
리뿐만 아니라 그로 인한 만족감과 성취감을 만끽합니다. 이와
동시에 신기하게도 긴장이 풀리면서 꽉 막혔던 삶이 트이는 느
낌을 받습니다.

Work

지금 무엇을 하고 싶은가요? 책을 덮고 지금 바로 실천해보세요.

재미있게 말하는 사람이 성공한다

가장 최근에 소리 내어 크게 웃은 것이 언제였나요?

아이는 하루에 수백 번 웃지만 어른이 되면 10분의 1 정도로 웃음이 줄어든다고 합니다. 마지막으로 언제 소리 내어 크게 웃었는지 기억나지 않는 사람도 있겠지요.

자신에게 엄격한 사람은 실수를 저지르거나 실패하면 마치 이 순간을 기다렸다는 듯 맹렬한 기세로 자신을 공격합니다. 그리고 오랫동안 그 실패에 연연하며 끊임없이 자신을 책망합니다.

코로나19로 일상이 긴장의 연속이어서 피로감은 더 커졌습니다. 저는 '코미디쇼 10편 이상 보기', '개그맨 유튜브 영상 매일 확인하기' 같은 과제를 내줄 때가 많습니다. 코미디 영화나만화를 봐도 좋습니다.

웃음은 자신을 느슨하게 풀어주고 나 자신에게 너그러워지기 위한 간단하고도 최고의 방법입니다. 친구와 소소한 대화를 나누며, 또는 함께 있는 누군가에게 장난을 치며 웃어도 좋습니다.

저의 스승님은 '심리만담가'라고 불릴 만큼 웃음을 중요하게 여기시는 분입니다. 제자인 저도 강연이나 상담에서 웃음은 필수라고 생각합니다. '참가자가 얼마나 웃어줄까?'를 심리학 내용만큼이나 진지하게 고민합니다. '큰 도움이 되었습니다'보다 '정말 재밌었어요!'라는 감상에 더 큰 성취감을 느낄 정도이니까요.

그럼 한 단계 수준을 높여서 자신의 실패를 웃음으로 바꿔볼까요?

'나는 유머 감각이 없다'라든가 '나는 진지한 성격이라서 남을 웃기는 데 소질이 없다'는 생각이 들지도 모릅니다. 실제로 '나는 재미없는 사람이라 웃음과는 거리가 멀다고만 생각했다'는 사람도 있었습니다.

하지만 여기서는 개그맨처럼 웃겨야 한다든가 친구가 배꼽 잡을 정도의 유머 감각이 필요한 것이 아닙니다. 자신의 실수에 웃을 수 있다는 것은 그만큼 마음에 여유가 있고 그 실수를 탓하지 않는다는 것입니다. 스스로를 용서했다는 증거입니다.

개그맨은 대부분 자신의 실수를 소재로 웃긴 이야기를 풀어 냅니다. 냉정하게 잘 들어보면 지독하게 비참한 경험이지만 이 마저도 엄청나게 재밌는 이야기로 바꾸어버립니다.

실패도 웃음으로 승화한다

'인생에서 가장 큰 비극은 가장 큰 희극이다'라는 말이 있습 니다. 비극은 때로 희극이 되기도 합니다.

사실 인생 최대의 비극을 웃음으로 바꾸는 일은 난이도가 꽤 높은 일입니다. 우선 일상의 사소한 실패를 웃음으로 바꾸는 것부터 시작합니다.

자신의 실패를 웃음으로 바꾸려면 우선 그 상황을 객관적으 로 봐야 합니다. 자신에게 엄격한 사람은 이때 무심코 자책하 기 쉽지만 의식적으로 자책을 멈추고 한 걸음 떨어져서 자신의 실패를 '개그맨의 눈'으로 바라봅니다.

실패한 것이 자신이 아니라 개그맨이라고 생각하면 그 행동 이 코믹하게 보입니다. 그래도 아직 자책하는 마음이 남아 있 어서 재밌기보다 비참한 기분이 들지도 모릅니다. 그때는 개그맨이 어떤 식으로 그 실패를 웃음으로 바꿀지 상상해봅니다.

자칫 어려워 보일지 몰라도 사실 상상하는 그 시점에 목표가 거의 달성됩니다. 결과적으로 자신의 실패에 웃지 못하더라도 웃어보려는 시도 자체가 마음에 여유를 만들어냅니다. 자신을 죄고 있는 긴장의 끈을 느슨하게 만듭니다. 이렇게 관점을 바꾸는 것이 몸에 배면 일상의 곳곳에서 웃음 요소가 눈에 들어옵니다.

재미있는 일을 찾아내거나 살짝 특이한 사람을 발견하거나 고양이의 이상한 몸짓을 보고 피식 웃음이 나기도 합니다. 이때쯤에는 당신의 삶에 웃음이 제법 늘어나 있을 것입니다. 실제로 웃는 일도 많아질 것이고요. 이것은 엄격한 자신이 너그러워지고 한결 편안한 나로 거듭나고 있다는 뜻입니다. 자신의 실패를 웃음으로 바꾸려는 시도만큼 자기 공격도 훨씬 줄어들 것입니다.

일상의 사소한 실수를 웃음으로 바꿔보세요.

Work

최근에 있었던 사소한 실수 에피소드를 어떻게 하면 '웃음'으로 바꿀 수 있을지 생각해봅시다.

게임처럼 일상을 즐기는 법

장난기는 마음의 여유이자 유머이자 일상을 윤택하게 만드는 비결입니다. 일 때문에 머리가 지끈거릴 때, 육아로 몸과 마음이 지칠 대로 지쳤을 때는 놀고 싶은 기분조차 들지 않습니다.

지금이 그런 상태라면 효과가 금세 나타나지 않을 수 있으니 마음에 여유가 어느 정도 생겼을 때 이 부분을 다시 읽어보세요.

패션에 관심이 많은 사람은 옷이나 소품을 고를 때 장난기가 발동하기도 합니다. 요리를 좋아하는 사람은 음식을 담는 그릇을 선택할 때, 인테리어에 관심 있는 사람은 방 한구석에 장난스러움을 담기도 합니다. 저는 매일 지루하지 않게 끝까지 읽어주기를 바라면서 블로그에 나름의 유머를 한껏 담고 있습니다.

사무실 책상 또는 집 안의 일하는 공간에 약간의 장난기를 발휘해보는 방법으로 어떤 것들이 있을까요?

귀여운 문구류를 갖추거나 마음에 드는 풍경 사진을 걸어두거나 서랍 속에 좋아하는 물건을 남몰래 넣어둘 수도 있습니다.

자동차에 관심이 많은 사람은 자동차 미터계처럼 생긴 시계와 차량용 컵홀더, 클래식카 모양의 펜꽂이를 책상에 놓아두었다고 합니다.

식물을 무척 좋아해서 책상 위에 화분을 두고 벼를 심었다는 사람도 있습니다.

이국적인 분위기를 좋아하는 사람은 해외 수입품 병을 사서 조미료 통으로 쓰기도 하고 외국 지폐와 지하철 지도를 주방 벽에 붙여두었다고 합니다.

여기서 말하는 장난기는 피식 웃음이 나는, 마음이 편안해지는, 아주 살짝 기분 좋아지는 방법을 일상에 적용하는 일입니다.

마음에 여유가 있어야 장난기를 발휘하기 쉽다고 했지만 오히려 의식적으로 장난기를 발휘함으로써 마음에 여유가 피어나기도 합니다.

소소한 재미가 긍정을 부른다

아이는 별것 없어도 재밌게 놀 수 있습니다. 모래로 산 쌓기, 나뭇가지로 땅에 낙서하기, 나무 기둥 주위로 뱅뱅 돌기 등 아이들 놀이의 바탕에는 '즐기고 싶다'는 욕구가 있습니다.

우리는 어른이 되면서 놀고 싶은 마음, 장난기를 잃어갑니다. 특히 자신에게 엄격한 사람은 지금까지 놀기보다는 일만 해왔기 때문에 더욱 이런 마음이 부족한지도 모릅니다.

삶에 재미를 더하기 위해 굳이 물건을 살 필요는 없습니다. 외출했다가 들어가는 길에 평소와는 다른 경로로 가보기도 하고, 한 번도 들어가 본 적 없는 가게에도 들러보고, 예전에 봐두었던 복고풍 찻집에도 들어가 봅니다.

휴대폰이나 컴퓨터 배경화면에 웃긴 사진을 깔아서 재미를 더할 수도 있습니다. 이 밖에도 일상 이곳저곳에 장난기를 발휘할 여지가 잔뜩 숨어 있습니다. 쉬는 날 꼭 한 번 실천해보세요. 금방 아이디어가 떠오르지 않아도 한동안 가만히 생각해봅니다. 방법을 궁리하는 시간 자체가 내 안의 장난기를 자극합니다.

- 내가 좋아하는 일을 카드에 1장씩 구체적으로 적는다.
- 카드를 100장 정도 만든다(단어장 활용).
- 쉬는 날 아침 카드를 한 장 뽑고 거기에 적힌 내용을 반드시 실행한다.

게임처럼 일상을 즐기다 보면 내 안의 긴장이 느슨하게 풀립니다. 자신에게 더없이 엄격했던 모습을 과거로 보내버릴 첫발을 내디뎌보세요.

Work

책을 덮고 '어디에 장난기를 발휘해볼까?' 상상해보세요. 아이디어가 떠오르면 메모해두었다가 '24시간 안'에 실천합니다.

단 하루라도 제멋대로 살아라

"배우자를 이기적으로 대한다면 어떤 행동을 하고 무슨 말을 하겠습니까?"

"직장에서 '제멋대로 행동하라'는 지시가 내려졌다면 어떻게 하겠습니까?"

"주위 사람을 이기적으로 대한다면 어떻게 행동하겠습니까?"

자신에게 엄격한 사람들에게 물어보면 바로 답하기 어려워하는 사람도 있고 좀처럼 생각이 떠오르지 않는 사람도 있습니다. 자신에게 엄격한 사람은 자기 일에는 무서운 교관처럼 매섭기 짝이 없지만 다른 사람들에게는 관대한 경우가 많습니다.

이런 자세에는 '나만 참으면 된다'는 희생적인 생각뿐만 아니라 미움받을까 봐 두려워서 타인에게 관용을 베풀 수밖에 없는 심리가 숨어 있기도 합니다.

겉으로는 원만하게 해결된 듯해도 마음속에는 불만과 분노가 쌓입니다. 이런 질문을 하는 이유가 바로 여기에 있습니다.

감당하기 힘들 정도의 업무량으로 기진맥진한 사람에게 "직장에서 제멋대로 굴어도 좋다면 어떻게 하고 싶은가요?"라고 물어보았습니다. 그러자 '나한테만 일 떠넘기지 마'라고 소리치고 파업하겠다는 대답이 돌아왔습니다.

육아를 하는 전업주부는 아이들뿐만 아니라 남편도 무슨 일이든 자기에게만 의지하는 터에 너무 버겁다고 했습니다. 그녀에게도 같은 질문을 하자 이렇게 대답했습니다.

"'엄마, 엄마!' 그만 좀 불러. 스스로 좀 알아서 해. 엄마한테만 의지하지 말고!"

이들은 스스로에게 엄격해서 '자신의 능력이 부족해 업무량을 소화하지 못하는 것뿐'이라거나 '전업주부이니 가족을 챙기는 것이 당연하다'고 믿고 있었습니다.

그러나 이야기를 들어보면 현실은 정반대였습니다. 업무 능력이 뛰어나서 일을 잔뜩 맡게 되었고, 믿음직한 엄마라서 식구들이 어리광을 부리며 의지하는 것이었습니다.

하지만 정작 본인들은 이런 사실을 전혀 모르고 늘 자기 자신을 꾸짖기만 했습니다.

자기중심적인 사람이 돼라

당신에게 어리광을 부리거나 건방진 태도를 보이는 사람이 있다면 '지금 나는 조금 더 이기적으로 생각하고 제멋대로 구는 편이 나은 거구나. 이 사람은 그걸 내게 가르쳐주고 있구나'라고 해석하기 바랍니다. 자기중심적인 사람이 되어도 좋다고 자신을 허락해주세요.

그러나 단숨에 자기중심적으로 바뀌기는 어렵습니다. 자기중심적으로 살아가는 데도 연습이 필요합니다. 우선 혼자 있는 시간을 활용합니다.

사무실에 출근하는 사람은 '자기중심적인 사람이 된다면 퇴근길에 무엇을 할까?' 생각해보고 행동에 옮깁니다. 전업주부나 재택근무자는 휴식시간을 자기 하고 싶은 대로 하면서 보냅니다.

자신에게 엄격한 사람 중에는 '남에게 폐를 끼치고 싶지 않다'고 생각하는 경우가 많습니다. 지금의 인간관계에서 실천하기도 어려워서 휴식시간에도 다른 사람에게 폐가 되는 일은 가능한 피하려고 합니다.

혼자 있을 때 자기중심적인 사람이 되는 방법으로 어떤 것이 있을까요?

아무것도 하지 않고 뒹굴뒹굴한다, 저녁 식사는 배달 음식으로 때운다, 집안일을 전혀 하지 않는다, 조금 비싼 식당에서 음식을 포장해온다, 평소에는 사지 않는 고급 와인을 산다, 옷가게에서 옷을 마음껏 입어본다, 백화점 식당가에서 실컷 시식한다, 역에서 집까지 택시를 탄다, 조금 비싼 코스의 마사지를 받는다.

이런 방법들이 떠오르시나요? 사실 이것은 자기중심적이거나 제멋대로 행동하는 일들이 아닙니다. 약간의 사치, 자신에게 주는 선물, 아무것도 하지 않는 것 정도입니다. 그러나 자신에게 엄격한 사람에게는 '자기중심적으로', '제멋대로' 하겠다고 결심해야만 가능한 일입니다.

이런 의식을 가져야만 나름 자기중심적인 태도로 타인을 대하고 제멋대로 발언할 수 있습니다.

앞의 회사원은 업무량이 너무 많을 때 '하기 어려울 것 같습니다'라며 부탁을 거절할 수 있게 되었습니다. 주위 사람들은 실망도 부정도 하지 않고 오히려 이해했다고 합니다.

주부는 아이들에게 "늘 엄마한테 어리광만 부려서 죄송해요. 엄마 사랑해요"라는 귀여운 편지를 받았습니다. 남편은 자기가 나서서 집안일을 하고 '엄마의 휴일' 만들기에 성공했습니다.

의식적으로 '자기중심적인 사람이 되어야지!'라고 생각하고 가능한 범위 내에서 실천해보세요. 마음이 너그러워지고 여유가 생겨 다른 사람과의 관계에도 좋은 영향을 미칩니다.

Work

지금 이 순간부터 '자기중심적인 사람이 되는 시간'을 가진다면, 당신은 어떤 일을 하겠습니까?

하고 싶은 일을 할 때는 뒤돌아보지 마라

"남에게 폐를 끼친 일들은 돌아보지 않는다."

주위 사람들에게 폐가 되지 않을까 염려하며 혼자 전부 끌어 안고 사는 사람들에게 권하는 좌우명입니다.

자신에게는 가혹하리만큼 엄격하면서 남에게는 늘 상냥하고 혹시나 피해를 줄까, 곤란하게 만들지 않을까 전전긍긍하는 사 람이라면 이 문장을 소리 내어 읽어보세요.

삶의 좌우명으로 삼아도 실제로 누군가에게 폐를 끼치며 살 지는 않을 테니 걱정할 필요 없습니다.

오히려 지나쳤던 부분을 '보통' 수준으로 돌려놓는 효과가 나 타납니다.

'다른 사람에게 폐를 끼치면 안 된다'는 가치관은 행동을 제한합니다. 그런데 무엇을 민폐라고 생각하는지는 사람마다 기준이 다릅니다.

같은 일이라도 성가신 일로 느끼는 사람이 있는가 하면 그렇지 않은 사람도 있습니다. 상대의 마음을 모르면서 내가 '민폐'라고 정해버리면 스스로 움츠러들 뿐입니다.

내 뜻대로 살아라

'남에게 폐를 끼치면 안 된다'는 믿음은 '타인 중심'으로 사고하게 만듭니다. 남에게 폐를 끼치면 안 된다는 것은 올바른 가치관입니다. 하지만 함께 어울려 살아가면서 남에게 폐를 끼치지 않기란 애초에 불가능한 일인지도 모릅니다.

특히 자기가 하고 싶은 일을 하다 보면 폐를 끼칠 수밖에 없습니다. 그럴 때면 솔직하게 감사하고 부탁하고 사과하는 자세가 좋은 인간관계를 구축하는 데 훨씬 도움이 될 것입니다.

꼭 하고 싶은 일에 도전하기 위해 안정적인 직장을 그만두기로 마음먹은 사람이 있었습니다. 그분은 자신의 의지를 부인에게 이렇게 전했습니다.

"내 마음대로 결정한 것이기는 하지만 내 뜻을 허락해주면 좋겠어. 정말로 하고 싶은 일을 찾았고 온 힘을 다해 노력해보고 싶어. 가족들이 힘들겠지만 내가 최선을 다할게."

그는 머리 숙여 진심으로 부탁했습니다.

처음에 깜짝 놀란 표정을 지었던 부인은 금세 "그 정도로 하고 싶은 일을 찾았다니 마음껏 노력해봐. 집안일은 내가 어떻게든 해볼게"라며 웃어주었다고 합니다.

그가 '다른 사람에게 폐를 끼쳐서는 안 된다'는 생각에 얽매여 있었다면 가족을 위해 꿈을 포기했을지도 모릅니다.

그랬다면 그와 가족은 과연 행복할까요?

Work

"남에게 폐를 끼친 일들은 돌아보지 않는다." 이 문장을 소리 내어 열 번 말해보세요. 죄책감이 들고 마음에 부담이 느껴진다면 당신에게 매우 필요한 말이라는 증거입니다.

데스 노트처럼 쓰는 원망 노트

자신에게 엄격한 사람들이 가장 많이 느끼는 감정이 바로 분노입니다. 당신 마음속에 화가 잔뜩 쌓여 있다는 말을 들으면 기분이 어떤가요?

원래 자신에게 엄격하기 위해서는 분노가 있어야 합니다. 분노하면서 스스로 벌주고 괴롭히며 행동을 제약하니까요.

타인에게는 웃는 얼굴로 온화하고 평온하게 대하면서 자신에게는 못마땅해하며 화를 내고 있지는 않습니까? 하지만 자신에 대한 분노 이상으로 남에 대한 분노가 더 크기 마련입니다.

이러한 사실을 받아들이기가 어려울 것입니다. 그러나 자신에게 엄격한 사람의 생각을 잘 들여다보면 '내가 잘못했다, 내

탓이다, 내가 부족해서다, 내가 못났기 때문이다'라는 자책과 함께 상대에 대한 분노와 불만도 상당히 많이 쌓여 있다는 것을 알게 됩니다.

자신에게 엄격한 사람 중에는 타인에게 화나는 감정을 받아들이려 하지 않는 사람들이 많습니다.

'내 주제에 남에게 화를 내다니 말도 안 돼!'

'화를 내면 상대가 상처받을 수 있어.'

하지만 분노도 감정입니다. 그렇게 느끼는 것을 어찌할 수는 없습니다. 그 감정을 인정하지 않고 부정하거나 숨길수록 해소되기는커녕 마음속에 점점 더 쌓여갑니다.

그런데 분노와 의욕은 같은 에너지를 가지고 있습니다. 분노를 막으면 의욕도 사라지죠. 분노라는 감정은 절대 소홀히 해서는 안 되는 삶의 에너지입니다. 주변을 둘러봐도 활기가 넘치고 의욕적인 사람은 자주 무언가에 화를 내지 않던가요?

저는 일부러 '화내기'라는 과제를 주기도 합니다. 이른바 '원망 노트'(부록 215쪽 참고)입니다.

우선 노트를 준비합니다. 아무 노트나 상관없습니다. 새 노트일 필요도 없습니다. 쓰다 만 노트나 스케치북, 또는 A4용지도 괜찮습니다.

종이에 자신이 무엇 때문에 분노를 느끼는지를 적어봅니다. 그저 느끼는 대로 자기 안의 감정을 전부 써 내려갑니다.

처음에는 분노 노트를 작성하기가 쉽지 않을 것입니다. 그저 분노를 억누르기에 바빴던 사람들은 더욱 그렇습니다.

먼저 가까운 사람들을 떠올립니다. 배우자, 부모, 자녀, 회사 동료, 상사, 누구든 좋습니다. 그 사람에게 화나는 일, 불만스러운 점을 노트에 적어봅니다. 조금 과장해서 써보는 것이 좋습니다.

다른 사람에게 보여줄 것이 아니므로 방송 금지 용어를 잔뜩 늘어놓아도 상관없습니다. 느끼는 그대로, 떠오르는 그대로 분노의 말들을 종이에 쏟아냅니다.

분노를 허락하지 않는 사람일수록 무척 부담스럽고 펜이 잘 움직여지지 않을 것입니다. 겨우 시작하더라도 죄책감과 자기 혐오가 밀려와 펜이 멈춰버릴지도 모릅니다. 분노가 없어서가 아니라 분노라는 감정을 스스로 인정하지 못하기 때문입니다.

중간에 포기하지 말고 끈기 있게 시간을 두고 천천히 적어보세요. 내 안의 분노가 자연스럽게 밖으로 흘러나올 때까지 기다려주세요.

원망 노트는 많은 사람들이 실천하고 있는 방법입니다. '마음이 후련해지고 상쾌해졌다', '가슴속 응어리가 풀린 기분이다'라는 심경 변화를 느꼈다는 사람들도 있습니다. 분노를 쏟아내니 오히려 상대방에 대한 감사와 애정이 생겨 관계가 개선되었다고도 합니다. 자기 마음을 분명히 알게 되면서 상대와 적정한 거리를 두거나 더 이상 자신에게 인내와 희생을 요구하지 않게 되었다는 사람들도 있습니다.

Work

분노를 쌓아두지 말고 아무에게도 보여주지 않을 노트에 속마음을 마음껏 적어보세요. 일기를 쓰듯 원망 노트를 써봅니다.

너의 도움을 부탁해!

　다른 사람에게 부탁하느니 차라리 내가 하는 편이 더 빠르다고 생각하지 않나요?

　남에게 부탁하기가 무척 힘들지 않나요?

　이런 일을 남에게 부탁하면 안 된다고 생각하지 않나요?

　사실 이미 오래전부터 한계에 부딪혔다고 느끼지 않나요?

　지금 이대로는 위험하다는 것을 스스로도 알고 있지 않나요?

　이처럼 자신에게 너그럽지 못한 사람들에게는 아주 쉽다기보다 약간의 노력이 필요한 방법이 있습니다.

　방음이 잘되는 곳 또는 남들이 들을 걱정 없는 곳에서 실천합니다. 마땅한 장소가 없다면 베개나 쿠션으로 입을 막고 소리가 새어 나가지 않도록 합니다.

준비가 끝났다면 이제 배에 힘을 주고 "도와줘!"라고 외쳐보세요. 처음에는 목소리가 제대로 나오지 않을 거예요. 다시 한 번 조금 더 큰 소리로 "도와줘!"라고 소리칩니다.

아직 목소리가 작습니다. 이번에는 더 크게 다시 한 번 "도와줘!"라고 소리칩니다.

배에 힘을 주고 크게 외쳤다면 분명 '도와줘' 이외의 다른 감정이 꿈틀거리기 시작할 것입니다.

"힘들어!"

"못 하겠어! 더 이상 하기 싫어!"

"이제 못 해! 혼자 안달복달하지 않을 거야."

"외로워!"

이런 감정들이 흘러넘칠 겁니다. 눈물이 솟구쳐 펑펑 울어버릴지도 모릅니다. 상담을 받으러 온 사람들이 실제로 외친 말들입니다.

도움받아도 괜찮아

자신에게 엄격한 사람의 사전에는 '도움을 받는다'는 말이 빠져 있습니다. 이미 자신의 한계를 넘긴 상황에서도 도움을 청할 생각은 하지 않고 혼자 끙끙댑니다.

모든 일을 혼자 끌어안는 이유는 '내가 하는 편이 빠르니까', '남에게 부담을 줄 수 없으니까', '이 정도는 혼자서도 충분히 할 수 있는 일이니까'라는 생각 때문입니다.

"도와줘!"라고 소리치는 연습은 남에게 도움을 요청하는 것은 나쁜 일이 아니라는 것을 깨닫게 해줍니다. 이뿐만 아니라 모든 일을 혼자 끌어안으며 마음속에 쌓아둔 감정을 밖으로 드러냅니다.

감정을 드러내는 것이 왜 중요할까요?

마음속에 쌓인 감정을 토해내야 마음에 여유가 생깁니다. 여유가 생기면 마음이 가벼워지고 시야가 넓어집니다. 눈앞의 세상이 선명하게 보입니다. 즐거움, 설렘, 기쁨이 더 잘 느껴집니다.

마음의 여유가 새로운 행동을 만들어내고 새로운 가치관을 심어줍니다. 지금까지와는 다른 방식으로 세상을 바라보게 되는 것이죠. 자신에게 엄격한 사람이 마음속에 가둬두었던 감정을 쏟아내고 나면 자신에게 훨씬 너그러워집니다. 나 자신을 상냥하게 대하고 소중히 여길 줄 알게 됩니다. 행복을 느낄 줄 아는 사람이 됩니다.

실제로 누군가에게 도움을 요청하는 것이 아닙니다. '다른 사람에게 도움을 받아도 괜찮다'는 것을 받아들이고, 쌓인 감정을 발산하기 위한 것입니다.

감정을 쏟아낸다는 점에서 원망 노트와 비슷한 효과가 나타납니다. 계속 반복하다 보면 '도움을 요청해도 괜찮구나'라는 생각이 마음에 점점 스며들어 필요한 순간이 왔을 때 부담 없이 남에게 의지할 수 있습니다.

Work

"도와줘!"라고 소리쳐 보세요. 마음속에 쌓아둔 감정을 전부 토해냅니다.

내 안으로 타인을 받아들여라

자신에게 엄격한 사람은 남에게 의지하기, 부탁하기, 어리광 부리기를 금기시합니다. 그래서 막상 해보려고 마음먹어도 생각처럼 잘되지 않습니다.

지금까지 다른 사람에게 기대고 싶은 마음을 부정하고 남에게 어리광 부리는 사람을 곱지 않은 시선으로 보았으니 당연한 일인지도 모릅니다.

우선 남에게 '기대도 괜찮다, 부탁해도 괜찮다, 어리광 부려도 괜찮다'고 스스로에게 허락해야 합니다.

남에게 기대도 되는 이유.

남에게 부탁해도 괜찮은 이유.

남에게 어리광 부려도 되는 이유.

자기 나름의 이유를 생각해보세요. 분명 지금까지는 무의식 중에 이와는 반대의 이유만을 찾아왔을 것입니다. '남에게 어리광을 부리면 안 되는 이유'는 쉽게 떠오를지도 모릅니다. 그러나 '남에게 어리광을 부려도 되는 이유'를 곰곰이 생각해봅니다.

이유를 찾는 데서 끝나지 않습니다. 그다음에는 이유가 정당하다는 증거를 찾아봅니다. 스스로 납득할 수 있는 증거여야 합니다. 이 또한 지금까지는 정반대의 이유만 생각하지 않았나요? '남에게 의지하면 안 된다는 증거', '남에게 어리광을 부려봐야 좋을 일 없다는 증거'만 열심히 모으며 살아왔을지도 모릅니다. 이제는 반대로 해보는 것입니다.

남에게 의지하는 것도 필요하다

그다음에는 증거를 가지고 '남에게 어리광을 부려도 되는 이유'를 입증해보세요. 당신의 가설이 맞다는 사실을 당신의 행동으로 보여주세요. 그러려면 당신이 다른 사람에게 의지하고 부탁하고 어리광을 부려볼 수밖에 없습니다.

남에게 의지해도 되는 이유와 그 증거를 찾아냈다면 행동에 대한 심적 장벽이 조금은 낮아진 상태입니다. 높은 장벽을 단숨에 뛰어넘기는 어려우므로 가능한 것부터 차근차근 시작해봅니다.

다른 사람에게 어리광 부리는 법을 스스로 생각해보는 일이 아이러니한 듯 보이지만 주체적으로 문제를 해결하는 방식입니다.

상담에서는 다른 사람이 생각해낸 이유를 힌트 삼아 제시할 때도 있지만 여기에서 핵심은 나 스스로 받아들일 만한 대답이어야 한다는 점입니다.

힘든 일이지만 스스로 깨닫고 나 자신이 납득하는 답을 내놓는다면 씁쓸하더라도 받아들이고 실천할 수밖에 없습니다.

Work

시간 여유가 있을 때 남에게 '어리광을 부려도 되는 이유'를 찬찬히 생각해보고 스스로 납득할 만한 답을 찾아봅니다. 나름의 이유를 찾았다면 내 안의 변화가 분명 느껴질 것입니다.

행복하다고 착각하라

'행복이란 무엇일까?'

마지막으로 행복에 관해 이야기해보려 합니다.

자신에게 엄격한 사람은 행복할까요? 어쩐지 행복 지수가 무척 낮을 것 같습니다.

'주위 사람들이 보기에는 분명 행복한 상황인데도 행복하지 않다', '많이 누리고 있다고 생각하지만 행복하지 않다'는 이야기를 자주 듣습니다.

'스스로 행복하다고 느끼지 않으면 행복한 것이 아니다'라고 생각합니다. 행복한지 아닌지는 나 자신이 판단하는 것입니다. 남이 정해주는 것이 아닙니다.

그리고 행복은 느껴지는 '감정'입니다. 머리로 분석해서 '지금 나는 행복하다'고 결론을 내도 마음이 행복하지 않으면 그저 괴로울 뿐입니다.

행복은 나 자신에게 너그러울 때 느껴지는 감정입니다. 자신에게 엄격한 사람은 완벽한 이상을 좇고 지금의 나를 채찍질하며 힘을 짜냅니다. 다시 말해 열심히 노력해서 '완벽한 행복', '이상적인 행복'을 손에 넣으려고 합니다.

그런데 그런 행복이 과연 존재할까요?

'맛있는 케이크를 한입 가득 넣은 순간.'

'따뜻한 물에 몸을 담근 순간.'

'포근한 이불에 쏙 들어갔을 때.'

'허물없는 친구와 신나게 수다 떠는 시간.'

'좋아하는 모닥불을 바라볼 때.'

일상에서 사소한 행복을 느끼는 순간을 상상해보세요. 나 자신에게 잔소리를 퍼붓지도 않고 무언가 다른 일을 생각하지도 않는 순간들입니다. 마음이 느긋해지지 않나요?

그저 마음의 긴장을 풀고 이 순간을 즐깁니다. 우리는 이럴 때 '행복하다'고 느낍니다.

자신에게 너그럽지 못하고 긴장한 상태로는 행복을 느끼지 못합니다. 진심으로 웃으면서 즐길 수 있는 일, 내가 재밌다고 느끼는 일을 하는 것이 행복해지는 방법입니다.

나 자신을 조금 더 상냥하게 대해도 괜찮습니다. 나에게 조금 더 관대해도 괜찮습니다.

마음을 내려놓으면 행복이 찾아온다

마음이 느긋할 때는 세세한 일에 신경 쓰지 않게 됩니다. 마치 머릿속에 있던 나사가 몇 개 빠진 것처럼 느슨해져서 모든 일에 관대해지는 순간, 조금 더 과감하게 말하자면 '모든 일이 어떻게 되든 상관없다고 생각하게 되는 순간'이 찾아옵니다. 하지만 자신에게 엄격한 상태에서는 결코 '어찌 되든 상관없는 순간'을 맞이할 수 없습니다.

살짝 과장된 표현으로 '행복은 착각'입니다.

해야 할 일이 있고 끝없는 걱정거리, 불안과 두려움, 생각할 일이 산더미 같은 나날. 그런 일상 속에서 '어찌 되든 상관없다'고 생각하기 위해서는 '착각'이 필요합니다.

'바보가 되지 않으면 행복을 느낄 수 없다'는 것입니다.

스스로를 내려놓기, 즐기기, 즐거워하기, 웃기, 이 모든 것은 바보가 되지 않으면 좀처럼 하기 힘든 일들입니다. 바보가 된다는 것은 머릿속의 나사를 몇 개쯤 튕겨버리고 착각하며 살아간다는 의미입니다.

자신에게 엄격한 사람이 아니라 행복한 사람이 되려면 바보가 되어 착각하라는 것입니다.

'나에게 엄격한 나'를 '느긋한 나'로 바꾸기까지는 시간이 걸립니다.

자신에게 너그러워지고 상냥해지다 보면 자연스럽게 마음에 틈새가 생겨 '아, 행복하다'라고 느끼는 순간들이 늘어납니다.

지금 당장 행복을 느끼면 더없이 좋겠지만 단숨에 그렇게 되지는 않습니다. 서두르지 말고 차근차근 해나갑니다.

일상 속에 행복한 시간이 조금씩 늘어나면서 '나 지금 왠지 행복한걸' 하고 빙긋 웃는 날이 분명 찾아올 테니까요.

그런 날을 맞이하기 위해 지금 할 수 있는 일부터 하나하나 천천히 시작해봅니다.

Work

바보가 된 자신을 상상해보세요. 상상만 해도 즐겁고 재밌고 행복해지는 신기한 기분에 휩싸입니다.

마음이 건강해지는 원망 노트

원망 노트를 쓰는 목적

평소 분노를 표현하기 힘들어하는 사람들이 마음의 분노를 토해내고 속이 후련해지는, 즉 마음을 정리하는 방법이 원망 노트이다.

종이 노트에 작성하는 법

가방에 노트를 넣어 다니며 화나는 일, 짜증 나는 일, 용서할 수 없는 일이 생길 때, 이런 감정이 빨리 사그라들지 않을 때 노트를 꺼내 느끼는 감정 그대로 적는다.

일기를 쓰듯이 시간을 정해놓고 지금 원망하는 것, 화가 나는 사람에 대한 분노, 내가 바라는 관계와 삶 등을 노트에 적는다. 내 안에서 이런 감정이 사라질 때까지 계속 쓰는 것이 좋다.

휴대폰을 이용하는 법

휴대폰 메모장을 이용하면 장소에 구애받지 않고 잃어버릴 일도 거의 없다. 또 남들이 보기에는 SNS를 하는 것처럼 보이기 때문에 들키지 않고 분노를 발산할 수 있다.

감정을 발산하는 측면에서는 종이에 직접 쓰는 것보다 시간이 더 오래 걸린다.

분노 끌어내는 연습

분노라는 감정을 도저히 인정하기 힘든 사람은 연습 삼아 '○○ 바보! 멍청이', '○○ 죽어라'고 한 페이지 정도 써보면 내면의 분노를 끄집어낼 수 있다.

원망 노트에 쓸 내용

온갖 욕설, 원망, 미움, 분노, 짜증, 불만 등 상대에 대한 감정 또는 지금 자신이 느끼는 감정을 있는 그대로 표현한다. 마음에 떠오르는 말을 아무 생각 없이 써 내려가는 것이다.

실제로 '내가 한 말이라고는 믿을 수 없는 표현이 나와 깜짝 놀라기도 한다', '끝도 없이 분노의 말이 쏟아져 나와 스스로도 놀랐다'고 말하는 사람들도 많다.

자신의 분노를 인정하지 않으면 감정을 토해낼 수 없다. 그때는 분노를 끌어내는 연습을 해도 좋고 지금의 기분 그대로를 그냥 적어도 된다.

'이렇게 써야 한다', '이 말을 적어야 한다'는 규칙은 전혀 없다. '인간적으로 이런 말은 좀 심하지 않나' 하는 생각 따위는 접어두고 어떤 말이든 상관없이 적는다. 어차피 다른 사람에게 보여줄 것도 아니고 그냥 폐기할 노트이니 전혀 개의치 말고 마음껏 적는다.

손으로 직접 쓰기를 권하는 이유는 글자에 감정이 실려 감정이 해소되는 속도가 빠르기 때문이다.

원망 노트의 효과

분노라는 감정을 죄라고 인식하는 사람들이 많다. 하지만 분노를 금지하고 억누르기만 하면 그 감정이 자기 안에 쌓여 자신을 옭아맨다.

분노나 원망은 상대와 나 사이에 견고한 벽을 쌓아 관계를 개선하기 어렵게 만든다. 내면에 분노를 쌓아두면 건강에도 악영향을 미치므로 가능한 발산하는 편이 좋다.

내면에 쌓인 분노와 원망은 지독한 변비나 다름없다. 제때

볼일을 보지 못하면 얼마나 괴로운가. 분노라는 감정을 개운하게 쏟아내는 곳이 원망 노트이다.

원망 노트를 씀으로써 내 안에 쌓인 분노를 배출할 수 있다. 그러면 분노에 휩싸여 괴로워하지 않고 상대를 용서하게 된다. 상대와의 거리를 좁히거나 적정한 거리를 유지할 수도 있다.

원망 노트를 쓰다 보면 상대에게 직접 감정을 전달할 수도 있다. 지금까지는 관계가 틀어질까 걱정하며 꺼내지 못했던 감정까지 말이다. 이것은 매우 수준 높은 의사소통법이자 어른으로서의 성숙함을 나타내는 지표 중 하나이다.

원망 노트 처분하는 법

다른 사람이 보면 상당히 위험한 정보를 담고 있으므로 원망 노트를 쓰고 난 후에는 신속하게 파기한다. 경험자에 따르면 가장 효과적인 처분 방법은 '태워버리기'다. 정원이나 베란다처럼 적당한 장소를 확보할 수 있다면 불에 태우기를 추천한다. 실제로 마음이 굉장히 후련해진다. 마음의 화는 역시 불(火)과 관련이 있다.

문서 분쇄기를 이용하는 방법도 있다. 양이 많지 않으면 다시 한 번 원한을 담아 손으로 찢어버리는 것도 감정을 발산하는 데 효과적이다. 분노를 담아 종이를 마구 구겨서 버려도 좋다. 그냥 쓰레기통에 버리기보다 또 다른 분노의 표현으로 해방감을 느낄 만한 방법을 궁리해본다.

휴대폰에 적은 경우에는 그저 삭제 버튼을 누르기만 하면 된다. 삭제 버튼을 누르면 페이지가 활활 타오르는 앱이 있다면 좋지 않을까?

큰글자책 1쇄 발행 2023년 11월 30일

도서명 [큰글자책] 나를 내려놓으니 내가 좋아졌다
지은이 : 네모토 히로유키
펴낸이 : 정서윤
편집 : 추지영
디자인 : 지윤
펴낸곳 : 밀리언서재
주소 : 서울시 마포구 동교로 75
전화 : 02-332-3130
팩스 : 0504-313-6757
전자우편 : million0313@naver.com

공급 및 판매처
제작 : 부건애드
주문 : 한국출판협동조합 kbook.biz 플랫폼
전화 : 070-7119-1791, 070-7119-1789
팩스 : 02-716-6769

ISBN 979-11-91777-47-5 03190
정가 22,000 원
* 본 도서는 한국출판협동조합(kbook.biz)을 통해서만 구입이 가능합니다

큰글자책

* 본 로고는 문화체육관광부/한국도서관협회의 사용 허락을 받았습니다.
* 본 도서는 〈큰글자책 유통 활성화 사업〉 일환으로 출판사, 한국출판협동조합(kbook.biz),
  제작처가 공동으로 협력해 제작합니다.